Éditions Villaume
ISBN : 978-2-9555789-0-2
dépôt légal à date de parution
Lenvoldelange.jimdo.com

*À Virginie, ma sœur... un ange parmi les anges, qui m'a aidé
à devenir ce que je suis devenue
et qui m'a inspiré, après son envol éternel.*
Le 15 octobre 2015

Amélie FABER

L'envol

de

notre ange

Préface

Je ne suis qu'un être comme les autres. Une jeune femme qui a un métier, des passions, une famille. Au fil du temps, les choses qui se sont passées, trouvent des réponses avec le moment présent et l'avenir. Il suffit d'une tragédie pour que tout ait un sens. Un manque qui se transforme en un amour inconditionnel. Un amour plus fort que la mort est au-delà de tout cela.

En fait, la mort n'est que le commencement d'une nouvelle vie. Qui aurait cru que la perte d'un être cher pouvait la bouleverser autant ? Une nouvelle existence remplie d'amour et d'intenses émotions.

Un chemin se termine, mais, au fil des mois, un autre s'épanouit. Une douleur très vite métamorphosée en partage et relation bien plus soutenue que de leur vivant. Bien qu'un lien s'établisse sur cette présence astrale, cela ne remplacera jamais le manque.

Je ne suis qu'une jeune femme qui a pu découvrir sa voie et sa destinée à travers un deuil (voire plusieurs) très douloureux. Une période qui a éveillé en moi la véritable personne camouflée au fond de mon être depuis des mois, voire des années et qui se révélaient. Un deuil qui va me permettre d'aider les gens.

Nous sommes tous, un jour où l'autre, confronté à la perte d'une mère, d'un père, frère ou sœur, grands-parents, conjoint ou amis. Nous nous posons tant de questions sur ce que nous devenons après la vie terrestre. La mort est un sujet encore tabou de nos jours. Mais pourquoi en avoir si peur ?... Alors que celle-ci n'est qu'Amour. La mort est tellement péjorative !
La mort ne peut être qu'un soulagement pour certains grands malades. Même si celle-ci demeure brutale, nous devons perpétuer l'avancement malgré la douleur qui nous ronge. Trouver le moyen de retrouver un sens à notre vie.

Le vide créé par un membre amputé ne sera pas nécessairement comblé.

Qui ou quoi pourra remplacer cet être qui nous a été arraché ?
Des questions auxquelles personne ne pourra jamais répondre, ni les médecins, les scientifiques, ni même les médiums.

J'espère que ces pages pourront, aider certains(es) d'entre vous.
La mort est tellement complexe. Les entités (esprits), guides, anges gardiens, archanges... ont chacun leur rôle.

Les techniques pour parler avec nos défunts sont diverses.
Mais attention la mort est tout ce qui s'y attache, n'est pas un jeu. Sans précaution, cela peut être très dangereux !

Il ne faut absolument, pas tout essayer pour avoir un simple signe de notre être aimé disparu.

1.L'envol

Il est trois heures trente, quand je me réveille en sursaut. Un cauchemar m'a tiré de mon sommeil. La seule chose que je me souvienne est la vente de ma propre maison et une sensation de vide. Impossible de me rendormir. Je tourne en rond. Quelque chose me tourmente. Un peu normal vu les événements de ces derniers mois.

Il est quatre heures quinze, quand le téléphone sonne. Je me lève, mais j'ai vite compris. Qui sera à l'autre bout du téléphone pour m'apprendre la très mauvaise nouvelle ?
J'entends juste les mots de mon père « ça y est !» Ca y est notre ange est parti!!! Je m'effondre. Je perds toute sensation. L'on vient de m'arracher un membre de mon corps. Je me trouve dans le salon et je tombe à terre. Je réveille mon mari et mon fils par mes hurlements. Un vide immense m'envahit!!!
La maladie a eu raison de ma sœur Virginie.

Tant bien que mal et avec l'aide de mon mari, j'arrive à me relever. J'imagine que mes autres sœurs sont déjà informé. Je ne sais que faire. Je tourne en rond. Impuissant à ma souffrance, mon mari se sent inutile. Je décide d'appeler la meilleure amie de Virginie. Je n'aurai jamais imaginé devoir un jour annoncer le décès de ma propre sœur. Lui dire «elle est partie!» et entendre éternellement ce cri qui m'arrache le cœur. Les mots résonnent encore dans ma tête. Je ne souhaiterais plus jamais me remémorer sa douleur.

Je m'habille machinalement et je rappelle mon père (enfin je crois). Je décide d'aller retrouver ma sœur chez elle là où elle a délaissé ce corps qui lui faisait si mal pour s'envoler vers le repos éternel. La peur m'envahit... Je ne sais pas pourquoi ? Peut-être que je me croyais prête alors que je ne l'étais pas ? Que je devais affronter la mort de face? Avoir le courage de voir ce corps inerte qui est celui de sa sœur. L'on ne peut s'imaginer cette peine tant qu'on ne la vit pas. En fait, chacun se doit d'endurer la situation.

La neige tombe à gros flocons. Je suis comme une machine. Je dois déblayer ma voiture de son manteau blanc. La route me paraît d'une longueur extrême. Ces quinze minutes me paraissent interminables. Je les subis comme une injustice les quelques kilomètres qui me séparent de sa maison. Pourquoi elle est partie? Pourquoi maintenant ? Nous étions pourtant avertis sur le nombre d'heures, de jours, de mois qu'il lui restait d'existence sur cette terre.

Quelle sensation de sentir ce froid dans la pièce. L'impression que de la buée va sortir de ma bouche. Non juste mon beau frère qui prend l'air et avait laissé la porte-fenêtre ouverte. Assister sa famille dans un tel chagrin est inimaginable.
Famille, conjoint, amies et belle famille sommes tous prostrés à son chevet. Espérant vainement qu'elle revienne à elle... que sa poitrine va à nouveau se soulever... l'entendre nous engueuler, car nous sommes tous là prêt d'elle à nous dire qu'elle n'est pas encore morte. Mais en vain.

Je reste entourée des miens pendant quelques heures, puis je décide de rentrer retrouver mon mari et mon fils pour me réfugier auprès d'eux. La journée va être très longue. Nous sommes le lundi 29 novembre 2010. Une date à jamais gravée

dans mon cœur meurtri dans mon cœur de petite sœur. Là je ne me sens plus que la petite sœur. Une sœur simplement effondrée.
Nous nous retrouvons dans la matinée chez les pompes funèbres. Quelle épreuve que de choisir le cercueil qui partira avec elle.

Tout se fait comme ci nous étions des robots. Nous sommes anéantis de perdre une fille, une sœur, une mère, une compagne.
Pour ma part je suis comme anesthésiée. Je ne me souviens plus de la semaine qui a suivi. Juste les moments on nous nous retrouvions pour la veiller. Ce fut comme des trous de mémoires, temporaires.

Je me souviens de ce parfum que son compagnon mettait dans la pièce. Cette orchidée bleu, ses photos, les dessins de son fils....
Je trouve le courage de lui prendre la main. Je me sens seule mais pas complètement. Je sens une présence près de moi. Presque cinq ans après je ressens encore cette sensation de ma main chaude sur sa main froide. Une main douce à ma mémoire.

Puis vient le moment de la vraie séparation. La voir là!! A cet endroit; prête à être enfermée pour toujours dans ce lit blanc matelassé. Sa moitié, sa jumelle, demande au maître de cérémonie la permission de lire un mot à l'attention de sa sœur . C'est une douleur en plus quand par erreur , celui ci se trompe dans les prénoms. Il nomme Valérie comme la défunte. On pleure encore plus. Après lui avoir fait mes derniers adieux, je tombe dans les bras de mes cousines.

Vient le moment de fermer ce lit blanc comme la neige. Voir ses parents s'unir, dans cette terrible épreuve demeure à jamais une image que je me pensais pas figer dans ma tête, un jour.

Son compagnon, nos beaux frères et mon mari se sont mis d'accord pour porter le cercueil. Je tiens la main d'une de mes cousines. Mon père, Stéphanie (notre sœur aînée) et moi-même, nous tenons si fort les mains qu'elles pourraient se casser. Marcher derrière ce fourgon, dans ce froid glacial est bien plus qu'insoutenable. Notre mère et Valérie sont montées près du cercueil.

Comment affronter tous ces regards? A vrai dire nous les ignorons. J'ai le souvenir de la meilleure amie de ma mère, face à nous... celle-ci est en larmes. Je me souviens de certains visages qu'on avait connus durant notre enfance , avant le divorce de nos parents.

Les musiques de la cérémonie restent très difficile à entendre encore à ce jour. Je ne peux même plus écouter la voix de Patrick Fiori.

Pendant que toute l'assemblée fait son adieu, le portrait de Virginie tombe par deux reprises sans aucune explication à ce fait, car personne n'était à coté. Je me tourne vers Valérie et je lui dis «c'est Virginie qui se manifeste ». Elle me sourit. A l'époque elle et moi, croyions déjà aux phénomènes paranormaux.

Le dernier souvenir, de ce jour, est de m'être effondrée dans les bras de mon beau père (le père de mon mari), qui pleure également.

Mais quelle épreuve de devoir remettre cela au lendemain pour la remise des cendres en intimité. Je ne sais pas pourquoi mon instinct m'a fait embrasser l'urne. Aujourd'hui je ne sais toujours pas pourquoi ? Je trouve ça un peu morbide. Mon dernier bisou pour elle.

Allez ! c'est reparti pour de nouvelles larmes... de nouvelles chansons ... de nouveaux messages...
Mes sœurs et moi, nous, ne pouvons nous séparer.
Nous nous retrouvons après la seconde cérémonie chez ma mère en comité très restreint pour parler de Virginie. Se remémorer ses bêtises, ses amours, son foutu caractère , ses moments privilégiés avec son fils unique. On la sent encore avec nous.
Parler d'elle c'est la faire revivre, encore et encore, car notre ange a pris son envol à tout jamais.

2. Les premiers signes

Pour moi le premier signe de ma sœur n'est autre que la nuit où elle est partie. Je me suis laissée dire, que rêver de vendre un bien immobilier signifie la fin de quelque chose. Et vu l'heure à laquelle je me suis réveillée, cela correspond à celle de son décès.

J'ai demandé à sa jumelle ci elle l'avait senti partir. Elle m'a répondu que non. Elles sont très fusionnelles et cela aurait pu arriver. Mais non … c'est à moi qui ai ressenti le phénomène.
Nous étions tous endormis par sous cette douleur immense. Je reste néanmoins persuadée que je devais garder une lueur de lucidité pour percevoir le moindre de ses signes.
On dit que le choc occasionné par ces disparitions pourrait parfois provoquer des effets secondaires comme sentir un parfum. Mais moi je n'y crois pas trop.

Il m'est arrivé d'humer le parfum que mettait le compagnon de ma sœur lors de son repos funéraire.
J'étais au volant de mon bus (je suis conductrice de bus). À mon terminus, seule, sans aucun passager. Je descendis de mon poste de conduite pour me dégourdir les jambes. En une fraction de seconde , je sentis cette odeur (que je ne peux réitérer à ce jour). Je me retourne pour vérifier s'il n'y avait vraiment personne. Et cette sensation me fit penser que finalement , je n'étais pas aussi seule que je le pensais. Cet émoi ne sera que le début de bien d'autres manifestations qui devront se dérouler dans le courant des cinq années suivantes.

Je me dis qu'il avait du en falloir de la force astrale à ma sœur pour réussir à faire tomber son portrait pendant la cérémonie.
On dit bien qu'il faut laisser du temps (on parle de trois mois) pour que l'être puisse prendre conscience qu'il soit bien mort et personne ne peut le voir, le sentir, le toucher.
Mais je pense que nos défunts peuvent être bien plus puissants qu'on ne le pense. Pour certains d'entre eux, une semaine devrait être suffisante.

Pour ma part les messages de Virginie (à part les précédents cités au dessus) n'ont pas eu lieu tout de suite. Mais pour sa moitié, Valérie, ces manifestations ont commencé quelques semaines après son décès.
Nous avons remarqué que cela arrivait toujours le lundi (jour de son départ).

Le tout premier signe apparut trois semaines après. Je reçois un mail de Valérie avec un fichier joint. Elle me demande ce que je peux voir sur la photo qu'elle m'avait envoyée. (si je vous dis qu'au moment où j'écris là !!! je ressens mes amis invisibles derrière moi. J'ai froid. En passant par le bras gauche, le froid me monte des mollets jusque dans le dos. Ils sont tous autour de moi. Mince mon stylo vient de bouger seul).

Donc je disais, Valérie me demande ce que je vois sur la photo. J'y vois un énorme V de dessiner sur son insert. Un V de la largeur d'un doigt. Un tout petit doigt. Ce V est tracé de l'intérieur. Son mari ne l'avait pas vu avant qu'elle ne rentre et il est persuadé qu'il n'y avait rien quand lui est entré.
Elle va tenter de le faire partir... impossible !!! Il ne veut pas !!!
Il finira par disparaître de lui même au bout de quelques jours.

Juste une précision, Virginie a été incinérée. Donc voilà !!!
Pendant trois lundis de suite Valérie a perçu des signes de Virginie (leur lien en tant que sœur jumelles est plus fort même après la mort).

Le trois janvier, jour de mon anniversaire... une journée où j'attendrais pour toujours un coup de fils qui ne viendra plus jamais.
Valérie m'avait déposé mon cadeau, avec son fils, devant ma porte d'entrée. Elle m'avait couru après toute la journée, car je voulais que ce jour passe plus vite pour oublier le manque. En découvrant mon cadeau je l'appelais pour la remercier. L'émotion fut intense . Difficile de communiquer les choses et parler de tout et de rien. Subitement , j'ai entendu ce bruit infernale chez elle au moment même où elle allait me lancer un.... «Joyeux anniversaire». Mon neveu hurlait de terreur et Valérie restait coite durant deux ou trois minutes. Moi , de l'autre coté du téléphone , je l'appelais afin qu'elle reprenne ses esprits .Elle finit par me dire que tous les verres de sa vitrine venaient de tomber. Je lui dis que je souhaite raccrocher le temps qu'elle nettoie et qu'on se rappellerait ensuite . Cinq minutes passèrent puis le téléphone sonna. Elle m'expliqua que tous les verres étaient cassés sauf les verres à bière que Virginie avait offert à son mari. Elle précisa que les premiers étaient tous tombés sur les seconds à bière et qu'ils auraient dû se briser également. Mais rien! Pas une rayure.

Avec Valérie nous sommes vite tombées à la conclusion qu'il y avait là, un signe de Virginie.
À la limite de nous faire passer pour folles auprès de nos proches, après avoir écarté toutes solutions rationnelles, nous conservons la conviction que c'était une façon pour Virginie de

me souhaiter mon anniversaire.
Elle a trinqué avec nous et à sa façon.

Certes le reste de la famille recevait quelques signes, sentait une odeur ou entendait de la musique. Mais pour Valérie, ces signes qui nous étaient personnellement destinés étaient bien plus importants, même si pour moi ceci restait furtif.
Nous savions aussi que les défunts aimaient bien jouer avec la musique. J'avais entendu dire que parfois ceux-ci se servaient de chansons que nous devions interpréter comme moyen de communication avec nous.

Ce fut le cas pour moi et à plusieurs reprises en présence de mon mari. Nous étions deux, deux à avoir vécu cela.
Sébastien (mon mari), mon fils et moi, étions en route pour aller chercher Rémy (le fils de Virginie) afin qu'il puisse passer les vacances chez nous à Troyes. Depuis le décès de sa mère Rémy était parti vivre avec son père dans un autre département. Sur le trajet, mon mari avait mis l'album du chanteur Grégoire. Le CD tournait en boucle. Auparavant, lorsque nous redémarrions la voiture généralement la chanson reprenait là où elle s'était arrêtée après l'arrêt du contact. Comme pour tout autre auto-radio. Mais ce jour là, Sébastien et moi, sommes restés stupéfaits. Nous remontons dans la voiture après avoir dit au revoir au père de Rémy. Je mets le contact et là nous nous retrouvons directement sur la chanson de Grégoire « Ta main». Pas du tout la chanson à notre arrêt. Ayant tout deux la même pensée, Sébastien et moi échangeâmes un regard. Il me dit « non pas possible»!!! Je me mets à rire. Quant a Rémy ,pour lui rien de spécial. Pour nous... «le message d'une mère à son fils».

Il y eut aussi, la fois où j'étais seule en voiture, dans la direction de mon travail. Au cours du chemin, trois chansons se suivent. Bien plus qu'une simple coïncidence. Une chanson de Francis Cabrel (l'un de mes chanteurs préférés), «je t'aimais, je t'aime et je t'aimerais»... ensuite, Michel Berger, «Le paradis blanc» (une chanson à la cérémonie) et suivi de Gérard Blanc «une autre histoire» (un chanteur préféré de Virginie quand elle était adolescente et aujourd'hui lui aussi décédé).
Pour moi, pas de doute...Virginie était bien là !!! Auprès de moi. Beaucoup de personnes soutiendront que ce n'est que le fruit de mon imagination... que je souhaite à tout prix, me raccrocher à quelque chose. Me prouver par tous les moyens que Virginie n'était pas complètement partie.

Je respecte leurs convictions. Avant de me dire qu'il y a quelque chose de paranormal, je cherche, avant tout, une solution rationnelle à tout cela.
Lorsque nous sommes plusieurs à vivre des événements qui sortent de l'ordinaire, au même moment et de plus au même endroit, je me dis qu'il se passe tout de même quelque chose au-delà du mur qui nous sépare.

3.Les questions

À partir de ce moment-là, je me suis réellement posé les questions qui s'imposent sur la vie après la mort.
Que se passe-t-il au moment de notre mort ? Que devient notre âme ? Les défunts sont ils présents ici même, quelques heures après leur décès?
Pourquoi se manifestent-ils plus à une personne qu'à une autre ? Cela va-t-il durer encore longtemps ?

J'ai commencé mes recherches sur toutes ces questions. Mais la première question qui me venait en tête était: « Est ce que nos futurs défunts sentent leur prochain départ »? Pour certains médecins et scientifiques cela reste une vérité. Mais combien de temps avant le sentent-ils ?
Dans la plupart des livres certains racontent, que ce sont dans les derniers jours voire les dernières heures, que les personnes en fin de vie entrevoient des êtres de l'Au-delà. Ceux ci viendraient les chercher pour les emmener dans l'autre monde. Il resteraient présent afin de les réconforter et leur dire que c'est le moment de les suivre. Mais moi j'ai un doute. Certes lorsqu'il s'agit d'un décès tragique (suicide, accident …) je ne pense pas qu'on le ressente de la même façon. Par contre, lorsque la maladie gagne du terrain, je pense que l'on peut vraiment ressentir ce genre d'effet. J'ai vécu une chose bizarre lors des funérailles d'un de mes grands-pères avec Virginie , deux mois avant qu'elle ne parte.

Mon grand-père maternel est décédé le vingt-neuf septembre

deux mille dix (deux mois jours pour jours avant Virginie). Pour nous, une mort totalement logique au cours de la vie. Nous savions que les mois étaient comptés pour Virginie et la maladie prenait le dessus sur elle.
Le jour des funérailles de mon grand père, au moment de la mise en bière, nous étions tous devant le cercueil. Certaines personnes tardaient à venir. Virginie entra dans la pièce. Je ne sais pas pourquoi j'ai retenu mon souffle. C'était comme ci j'attendais quelque chose d'elle. J'en avais parlé à Sébastien et Je lui serrais la main quand je vis Virginie s'approcher du cercueil. Sébastien comprit ma réaction. Virginie se pencha au dessus de notre grand père (La seule d'ailleurs). Elle eut un long moment de recueillement, comme ci elle lui disait qu'elle allait bientôt le rejoindre. Je ne lui ai jamais posé la question. A vrai dire je n'en ai pas eu le courage tellement j'avais peur de sa réponse, mais qu'a t-elle bien pu penser à ce moment là? Se savait elle déjà condamnée dans son subconscient? Que germait-il dans sa tête à ce moment là?

Qu a -t-elle vécu pendant ces deux mois de lutte contre cette foutue maladie ? A-t-elle vu des personnes précédemment décédées ? Ce sont des questions qui resteront sans réponse. Lors d'une lutte contre la maladie il paraît certaines personnes ont un regain. C'est à dire qu'au moment où l'on pense qu'ils vont vraiment partir, ils reviennent à eux pour un dernier sursaut positif, avant de décliner et de s'envoler à tout jamais. Ils peuvent également sortir de leur coma, reprendre conscience pour appeler une personne déjà décédée ou encore la personne qui se trouve près d'eux pour les accompagner dans leur dernier souffle. Ce fut le cas pour Virginie.
Lorsque que la famille et amis se recueillent sur le corps d'un des leurs dans les premières heures, je me demande si l'on peut

sentir la présence de cette âme roder dans la pièce ? Je pense que la douleur de la perte est tellement vive qu'on ne peut encore la capter. Eux même ne doivent pas comprendre de suite qu'ils ont quitté leur corps.

Au fil des jours et des semaines les signes chez certaines personnes peuvent apparaître. Pour quelques uns, les manifestations s'estompent, pour d'autres , elles perdurent. Pourquoi plus chez une personne que chez une autre? Et bien tout simplement parce que les entités préfèrent se montrer à des personnes qui croient en elles et non pas chez celles qui n'y croient pas. Pour elles , c'est une perte de temps et d'énergie. La preuve de leur présence leur demande beaucoup. Je comprends vite avec le temps que ma sœur va se manifester plus à sa jumelle qu'aux autres membres de la famille.
Pour certains médiums, il y a toutes sortes de méthodes pour communiquer avec nos défunts.

Quand j'avançais dans ma première année de deuil. (La plus difficile!), je cherchais à trouver le moyen d'entrer en contact avec Virginie. Pour moi en deuil, forcément les signes d'elle étaient vraiment limités. Une médium me donna la méthode suivante:
   -Se mettre dans une pièce au calme.
   -Prendre une photo de la personne décédée.
   -Brûler une bougie blanche (pour aider l'âme à monter)
   -Prendre une feuille de papier et un stylo.
   -Et écrire une lettre à la personne comme si on allait lui adresser
L'écrire avec tout son amour. Une fois la lettre écrite, la brûler à l'aide de la bougie blanche. Le message devrait lui arriver .

Si tout va pour le mieux, il est possible de recevoir un message dans les jours qui suivent.

Deux conseils utiles avant de pratiquer cette méthode. Faire une prière avant toute pratique. (On n'est jamais trop prudent. On ne sait pas où l'on va mettre les pieds) et surtout attendre plus de trois mois après le départ du défunt pour commencer. (Il faut une période de trois mois pour que l'entité réalise vraiment qu'il est décédé...enfin pour la plupart des défunts).

Après avoir effectué cette méthode de communication, j'ai vite oublié que j'avais fait cela. Mais à peine trois jours après j'ai pu vivre une magnifique sensation et une belle preuve de la présence de Virginie.

Sébastien, une copine et moi, étions à la maison. Nous allions boire le café et coucher mon fils. Quand je dis à Sébastien et à la copine que je me sentais bizarre. Comme si je sentais la présence d'une autre personne dans la pièce. La sensation qu'on me mettait une main sur mon épaule droite, comme pour m'apaiser. Sébastien et notre copine me prenaient pour une folle. J'en avais la chair de poule. Ça je ne pouvais pas l'inventer. Je fis rentrer ma chatte à la maison et là elle se mit à courir et miauler partout. On se regarde tous et on comprit que je n'étais pas folle du tout. Car chacun sait que les animaux ont un sixième sens pour ressentir la présence d'entités. Cette présence, je l'ai ressenti cinq bonnes minutes. Je décidais d'envoyer aussitôt un SMS à mes sœurs pour leurs raconter.

Valérie manifesta aucune surprise mais pour Stéphanie me crut grâce à la réaction de l'animal.

Là je compris que quelque chose de spécial s'était vraiment passé et que j'allais vivre des choses étonnantes. Que cette manifestation ne resterait pas la seule réponse à mes questions.

Je faisais partie de ces personnes qui allaient recevoir le privilège d'obtenir des messages venant de très haut. Je n'étais pas au bout de mes surprises. Ce n'était que le début d'une nouvelle vie.

Certes avec ce deuil là, je me posais quelques questions sur ma foi. J'étais en colère après Dieu de m'avoir enlevé cette partie de moi-même, ma sœur. Je me réfugiais dans le bouddhisme, bien que ce ne fut pas encore la voie la meilleure. Le bouddhisme ne répondait malheureusement pas à toutes mes questions. Je faisais la distinction entre le paranormal et cette philosophie bien que je n'y trouvais pas le remède recherché. Le bouddhisme ne fit que soulager mon chagrin. Le seul réconfort vraiment trouvé pas cette voie demeure la méditation. Elle répondait à certaines de mes attentes et m'apportait un réconfort provisoire, car je n'était pas au bout de mes peines. Mes questions sur la vie après la mort ne faisaient que s'accroître car Virginie n'était que le deuxième acte d'une grande lignée de décès .

4. Pourquoi tant de décès ?

Une autre question que je me pose encore aujourd'hui. Quelle épreuve de voir partir nos êtres chers les uns après les autres. Cette impuissance à les voir s'éloigner loin de nous ne fait que s'ajouter à notre peine.

Je devais me reconstruire de la perte de Virginie. La loi des séries allait continuer. Une période chargée d'émotions, la première année de deuil, se terminait à peine quand ma grand mère paternelle commençait à être bien malade. Des examens à passer et nous revoilà plongés dans le système du monde médical. On croyait avoir terminé avec les médecins, mais nous étions loin du compte. Ma grand mère n'avait jamais vu de médecins de sa vie. Elle n'avait jamais été malade. Elle était dure comme un roc. Elle s'occupait de notre grand-père avec une telle force qu'on ne pensait pas à sa santé. Pour nous, elle était intouchable. Courant décembre deux mille onze (encore une fin d'année), elle doit subir une opération. Je ne vous dis pas l'angoisse que nous éprouvions pour elle. Nous l'imaginions vivre encore quelques années auprès de notre grand-père. Mais à l'opération il y eut complication. Elle fit une septicémie.

Allez!! On recommence. Les visites à l'hôpital, les examens pour elle. Nous vivions un noël deux mille onze encore bien pourri encore et je ne vous parle même pas du réveillon 2011/2012. Je l'ai passé à pleurer dans mon coin car une impression de déjà vu. Je n'avais pas eu le courage de l'embrasser, car elle était intubée. Et j'avais cette intuition qu'elle partirait le jour de mon anniversaire. Tout comme j'avais eu celle que je ne m'occuperais pas de Virginie le jour où elle est décédée. Effectivement le téléphone sonna dans la nuit du trois janvier deux mille douze à quatre heure du matin. C'était une fois encore, mon père , qui m'annonçait le décès de ma grand mère. Mon anniversaire allait encore être très difficile. Une heure après , je partais bosser, mais je ne pu rouler qu'une heure. La douleur était trop forte. Je venais de perdre ma grand mère le jour de mes trente ans. Nous allions revivre un nouvel enterrement. Mais je ne pensais pas qu'on allait ouvrir le caveau familiale une seconde fois la même année.

En janvier c'était donc ma grand-mère. En avril ce fut le tour d'une de mes tantes et marraine. Pourquoi la série noire continuait ? Et toujours dans la même famille. Toujours du côté de mon père.
Je commençais à prier, demandant que ce soit le dernier à chaque fois. Nous avions notre dose.

En deux mille treize, l'année ne fut pas meilleur. Un jour au mois de mars, en arrivant au travail, je croise un collègue en pleurs. Entre deux sanglots il me raconte qu'un ami (pour lui) , un collègue était décédé dans la nuit. Un homme de trente sept ans. Le choc!! Je conduisais au radar ce jour là. J'étais vraiment dans un état second car une semaine avant , nous venions ma famille(encore la même) et moi , d'enterrer le mari d'une de mes tantes. STOP!!!! Arrêtons là les dégâts!!!

Eh bien non !! Et on continue.
Le vingt-neuf avril (et encore un vingt-neuf) on m'annonce que notre amie et collègue, Delphine, elle aussi est partie rejoindre

les anges. Encore et toujours à cause d'une putain de maladie. Et c'est reparti pour une nouvelle cérémonie funéraire.

Qui l'eut crut... que trois mois après j'allais remettre ça. Cette fois ci, je vous le mets dans le mille. Encore dans ma famille. Nous perdions mon grand-père paternel. Mais pour une fois c'est ma sœur aînée qui me l'annonce au travail. Nous allions encore ouvrir le caveau familial j'espère que cette fois-ci que ce sera la dernière fois.

Je crois vraiment ce que m'avait prédit une amie voyante, Évelyne. Elle n'avait jamais vu autant de décès et de mort dans le jeu d'une de ses clientes. Je ne voulais pas la croire. Mais là je fus contrainte de constater que cela n'était pas faux. Et à chaque décès, je l'informais des événements malheureux.
Elle aussi, aurait souhaité se tromper.

Je ne veux pas trop m'étendre sur tous ces départs. Ce sont les moments les plus difficiles de ma vie. Ils n'ont fait que confirmer mes capacités. Surtout avec certains. Avec tous ces envols dont celui de Virginie, je commence à développer mes capacités de médium sensitive. Mes intuitions se sont bien confirmées .
Maintenant cela se tasse et je peux avancer dans mes deuils et sur ma nouvelle vie.

5. Les rêves

On dit que le temps apaise les douleurs. Certes, c'est bien vrai mais le temps ne comble pas le manque l'absence de l'être aimé. Quelle est donc la solution pour apaiser cette souffrance ?

En fait il n'y en a pas. La mort est une option de la vie qui n'a aucune autre solution. Nous devons accepter de nous retrouver seuls. Comment survivre à ce vide permanent ? Comment surmonter l'attente d'un coup fils pour ce jour particulier? Certes nos défunts n'ont pas de téléphone mais certains ou certaines d'entre eux trouvent la solution qui leur permettra de se faire comprendre. Faire parvenir un message à leur famille.

Il y a un moyen par lequel ils aiment nous faire un petit coucou. Un moyen bien agréable mais qui épuise tout autant.
Les rêves!!! Ah les rêves. Ils aiment profiter, que notre âme se recharge en énergie, pour se faufiler parmi nos rêves. Des messages qui peuvent rester dans notre mémoire ou alors êtres complètement oubliés.
Pour ma part, deux magnifiques messages m'ont été délivrés. J'ai pu faire la différence entre le rêve banal et le message. Tout simplement par mon état physique en me réveillant. Et puis il y a cette impression en nous, cette petite voix , qui nous fait comprendre que cette fois ci c'était bien différent.

Une nuit de novembre deux mille treize, je ne sais pas pourquoi j'ai rêvé de la petite mamie qui habitait à côté de chez nous. Je ne comprenait pas en me réveillant pourquoi, j'avais rêvé de ma voisine. Surtout que je ne l'avais croisée qu'une seule fois en trois ans. Je l'avais aperçu part la fenêtre. Donc, vraiment, rien qui pouvait me faire travailler le subconscient.

Dans mon rêve, je me trouvais dans le chemin qui se trouve entre nos deux maisons. Je la voyais s'amuser. On dit bien que les défunts peuvent reprendre un âge différent au moment de leur décès.

Ma voisine dans ce rêve n'avait qu'une trentaine d'année. Au fond de moi, malgré ces traits inopinés je savais que c'était elle. Elle portait une tiare avec une baguette en forme d'étoile, dansait, s'amusait comme une enfant de sept ans. Je sentais qu'elle était bien. Libre et soulagée. Mais soulagée de quoi? Je me suis réveillée cherchant à comprendre ce songe. Pourquoi ma voisine avait qu'une trentaine d'années et pourquoi était-elle soulagée?

Deux ou trois jours après, Sébastien me dit qu'il avait vu sur les avis de décès notre voisine. Là je percute aussitôt. La nuit où j'ai rêvé d'elle, c'était la nuit de son décès.

Voilà pourquoi elle était soulagée. Elle devait tout simplement être fatiguée de cette fin de vie. Je racontais le rêve à mon mari et nous tombions d'accord. J'avais bien eu un message d'adieu et de paix de notre voisine.

Un message formidable fut celui de ma tante et de surcroît ma marraine. Elle avait eu une vie tourmentée. Elle ne souhaitait que le repos. C'était une femme extraordinaire, avec un sens de l'humour incroyable.

Pour moi son message fut la continuité de nos deuils. Pour ma part cela m'a soulagée de recevoir ce message.

Dans ce rêve je ne me souviens plus de l'endroit. Ce sont juste les mots qu'elle pouvait me dire par télépathie qui me sont restés. Et surtout la sensation éprouvée !

Je la voyais tellement bien. Bien soulagée. Plus du tout tourmentée par sa vie terrestre. Je sentais en elle toujours son sens de l'humour. Elle me dis à quel point elle était apaisée. Que sa fille ne devait pas s'en faire maintenant. Elle était un poids pour ma cousine dans cette vie. Qu'elle aimait sa fille plus que tout. Qu'elle veillerait toujours sur ma cousine. Elle savait que le plus difficile maintenant était de faire passer ce message à sa fille. Car elle savait que cette dernière était très cartésienne. Mais ma tante savait que j'allais réussir à trouver les mots pour qu'elle n'ait pas de doute sur ce que j'avais vécu la nuit précédente.
Ma cousine était au courant de tout ce qui pouvait m'arriver sur le plan paranormal. Elle essayait à chaque fois de prouver que tout cela conservait une solution rationnelle. Ce que je peux comprendre.
Lors de mon réveil j'étais bien plus qu'épuisée. J'envoie un SMS à ma cousine pour lui raconter ce qui s'était passé. Bien-sûr elle me dit que ce n'était que le fruit de mon imagination qui avait travaillée. Que sa mère me manquait aussi. Qu'avec tous ces décès j'étais perdue et que je cherchais à me raccrocher à quelque chose.
Mais il y a une phrase qui l'interpella. Je lui dis « je suis bien plus qu épuisée. Elle a pompé toute mon énergie».Il y eut un long moment sans réponse de sa part. Elle me dit que c'était exactement la sensation qu'elle éprouvait quand elle s'occupait de sa mère de son vivant. Et ça elle ne m'en avait jamais parlé. A partir de ce moment là, ma cousine devint curieuse à tout ce qui m'arriva.

La différence entre un rêve et un message est bien différente pour moi. Pour un message c'est comme si j'avais passé un moment physique (comme ci je passais un moment avec quelqu'un de vivant). J'ai l'impression d'avoir passé un excellent instant avec ces personnes. À ce stade du rêve ce sont des personnes vivantes et non pas des entités.

Depuis je n'ai plus jamais reçu ce genre de messages car aujourd'hui tout passe autrement. Je pense que c'était un moyen pour détourner mon attention et pour que je comprenne qu'ils avaient besoin de moi pour soulager leurs familles. Pour le mari de ma voisine, je ne lui ais jamais dit ce que j'avais rêvé cette nuit là. Cela reste difficile à expliquer. En retour ,nous lui avions mis une carte de condoléances dans sa boite aux lettres. Suffisant pour qu'il s'approche de nous et engagions une relation sympathique et amicale entre voisins.

6. L'écriture automatique (L'EA)

Voilà comment, déjà avec tout ça, je me suis demandée pourquoi les entités se servaient de moi pour communiquer.

Maintenant il fallait que je trouve comment ? Comment faire pour ne pas entrer en contact avec les mauvais esprits ? Tout ne se fait pas aussi facilement. Il ne faut pas ouvrir des portes que je ne pourrais jamais refermer.

Valérie m'avait informée qu'elle essayait l'écriture automatique pour parler avec Virginie. Au début je trouvais cela très dangereux. Un peu comme le table de ouija. Si cela ne se réalise pas correctement tout peut aller très loin. Mais pas dans le bon sens. Heureusement, et je dis merci à internet pour cela. On y trouve de tout . Mais il faut savoir faire la part des choses.

Lors de mes recherches, je me mis une règle en tête: la protection. Beaucoup de protection. Ma première prière fut « Marie ». Puis avec le temps je compris que la protection de mes anges gardiens et de mes guides étaient primordiale également.

L'écriture automatique n'est pas une chose anodine. Et tout ne se fait pas en un jour. Il faut être très patiente. Il faut être certain de ce qu'on fait. Il n'y a pas de risque zéro. Toutes entités malins peuvent prendre possession de nous. La

personne qui pratique l'EA se laisse habiter par l'entité (que se soit un bon, un malin ou un mauvais). Généralement le médium prête tout simplement sa main et son bras pour communiquer.
La main n'est plus contrôlée par le cerveau mais par l'entité elle-même. Nous ne devons pas contrarier la prise en main de l'entité. Cette entité écrit avec notre main et notre stylo. L'écriture n'est pas la nôtre. Souvent l'écriture est celle de l'entité.

Lors de la séance, le médium ne pense à rien. Pour ma part avec le temps j'ai simplement, en tête, ce que l'entité veut écrire avant même de le mettre sur le papier. Je ne pense à rien. Une fois la séance terminée, le bras et la main sont rendus au médium.

Pour moi les premières séances n'ont pas toujours été vite concluantes. Je ne dépassais pas quarante-cinq minutes de séance. Car c'est très éprouvant. Mais dès la première séance j'entendais ma télévision et mes vitrines craquer. Le signe de leurs présences. Mais pour commencer je me contentais de faire des cercles pour me répondre oui à mes questions.
Mais petit à petit j'arrive à avoir des lettres et des mots. Il faut vraiment prendre son temps. Je finis même par sentir leurs présences derrière moi. Je sens des courants d'air froid alors qu'il fait bon et que toutes les fenêtres sont fermées.

C'est tellement bizarre de sentir toutes sortes de choses voire mêmes des sentiments.

La séance, la plus éprouvante de mes débuts, fut lors d'une entrée en contact avec mon amie Delphine. Je n'ai jamais compris ce qui c'était passé. J'ai senti une énorme colère en

elle. Ça ne faisait que trois semaines qu'elle était partie. Je voulait attendre pour communiquer avec elle. La laisser tranquille. Mais elle est venue d'elle-même à moi. Je pense qu'elle surveillait le moment propice pour se manifester.
Je ne pouvais plus contrôler ma main. Elle était complètement recroquevillée voir vraiment douloureuse. Je me suis mise à pleurer. Je ressentais sa colère et sa tristesse d'avoir quitté ses enfants et son compagnon. Mais, une fois encore, la maladie fut plus forte que la foi et le courage de cette femme merveilleuse.

La séance n'a duré qu'à peine que dix minutes mais assez suffisant pour me retourner complètement. Sur d'autres séances, j'ai pu même ressentis des caresses venant d'elle sur ma joue. Toujours cette sensation de froid et de fourmillement . De quoi me faire couler des larmes de bonheur.
Quand je dis qu'il faut se protéger ce n'est pas pour rien. J'en ai fais les frais pendant trois ou quatre jours.

Lors d'une séance il y a tout juste deux ans. Une entité maligne a pris, dans un sens , possession de moi pendant quatre jours.
Je la sentais tourner autour de moi. Je pensais être entrer en contact avec Virginie. En faite pas du tout. C'est bien après les faits que je l'ai compris.
J'ai senti quelque chose entrer en moi. Prendre possession de mon corps. Mais je n'ai pas vu la différence sur le moment. Cela n'a commencé que le lendemain. J'avais l'impression de ne plus avoir l'appartenance de mon corps. La sensation que ce n'était pas moi qui vivais ma vie. Comme ci un intrus était entre ma vue et moi. J'étais devenue spectatrice de ma vie. Au bout du quatrième jour j'étais vraiment fatiguée. Je n'avais rien dit à

Sébastien. Je ne voulais pas l'inquiéter. Mais je finis par le lui avouer car cela devenait dangereux. J'avais remarqué que même notre fils et Sébastien changeaient. Quelque chose clochait à la maison.

Alors que je travaillais, je finis par me fâcher mentalement. Je demandais à l'entité de me laisser tranquille. Et je suis étonnée de la facilité avec laquelle elle est partie. Mais franchement j'ai pu constater la différence. Je me suis sentie plus légère bien que très fatiguée par ce que je venais de vivre.

Une fois rentrée, j'en parlais avec Sébastien et il me confia que notre fils et lui avaient du mal à dormir depuis trois jours. Que lui se sentait épié surtout la nuit.

J'ai mis des semaines à me remettre de ça. Mais j'y suis parvenue grâce à un massage reïki. Il demeurait des résidus du fluide de cette entité.

Voilà pourquoi j'insiste sur les prières de protection. Rien que par cette expérience je comprends que cela peut être bien plus fort et plus grave.

Tous ces contacts avec l'Au-delà me font comprendre qu'il ne faut pas jouer avec le feu. Qu'un jour où l'autre on peut se brûler les ailes.

Maintenant je peux enfin écrire plusieurs pages d'affilées. Beaucoup sont des messages d'amour, aussi des conseils et des mises en gardes sur le futur. Je ne vois pas l'avenir. Seuls mes amis invisibles me prédisent des moments précis sur le futur et sur plusieurs choses je n'ai pas remarqué d'erreur. Mais attention ils ne sont pas une science exacte !

Seuls vous, et vous seuls, avez le contrôle de vos chemins.

Ne jamais pratiquer l'EA quand vous êtes fatigués, malade ou pas bien moralement. Certaines entités pourraient en profiter pour vous nuire. Vous devez être bien plus fort qu'eux.

L'écriture automatique est tout aussi dangereuse que tout autre moyens de communication avec l'au delà. Je suis devenue médium sensitive grâce à toutes ces séances . Je peux sentir tout sentiment , aspect physique , caractère et aspects physique de mes amis invisibles. De quoi devenir folle mais quand mes intuitions sont confirmées par des personnes qui sont dans le domaine depuis des années et qu'ils confirment mes ressentis, je ne peux être que satisfaite de mes capacités qui se développent au fils des mois. Ma propre famille (en dehors de Valérie) était un peu perdue par tout ce que je leur racontais lors de mes séances d'EA. Je peux les comprendre. Moi même au début ,étais un peu égarée par ce qui m'arrivait alors que j'ai toujours cru au paranormal. Alors j'imagine ceux qui n'y croient pas. Mais lorsque nous faisons de belles rencontres avec nos semblables , nous nous sentons moins seuls.

7. De belles rencontres

Heureusement que j'ai pus faire de merveilleuses rencontres pour m'aider sur ce chemin là. Des personnes presque identiques spirituellement. Grâce à elles, nous nous sentons moins seuls dans un monde où tout n'est que mystère. Quand celles-ci trouvent des réponses à ce qui vous arrivent et que tout cela a un sens.

Je n'ai pas eu une rencontre plus belle que les autres. Toutes n'ont été que le fruit de rendez-vous et non pas le fruit du hasard. Trop de coïncidences pour oser affirmer que ce n'est que le hasard de la vie. Chaque personne m'apporte une pierre à mon nouvel univers. Des rencontres qui m'ont complètement bouleversée et qui sont devenues ma deuxième famille. Aujourd'hui je ne pourrais plus vivre sans l'un d'entre eux. Et j'espère que ma seconde famille va s'agrandir au fils des années. Des personnes triées sur le volet. Pour moi ma nouvelle vie a vraiment commencé grâce à eux.

On va dire que la première rencontre a été la plus belle car c'est elle qui a vraiment bouleversé mon existence.

Une personne que j'avais l'impression de connaître avant même de la rencontrer. Valérie me parlait de lui comme d'un homme extraordinaire. Qui avait des capacités incroyables. Un peu comme ci elle le mettait en haut de l'échelle. Je pensais qu'elle exagérait un peu trop, pour une personne qu'elle ne connaissait pas. C'était du Raphaël par ci, du Raphaël par là. Tout le temps

Raphaël. Elle parlait beaucoup de cet homme, car il est le beau frère d'une de ses collègues. Valérie me disait que Raphaël estomaquait tout le monde par ses révélations et ses ressentis. Elle décida un jour lui faire parvenir les photos du V sur son insert ,au début de notre deuil de notre sœur. Je lui avais dit «Bah écoutes pourquoi pas. Tu peux toujours essayer et tu verras bien ce qu'il va te dire » J'étais impatiente ,quand même , de savoir ce qu'il allait lui dire. Il se passa presque quinze jours avant qu'elle me raconta ce que Raphaël lui avait dit sur les photos. Pour lui il n'y avait aucun de doutes que c'était bien un message de notre sœur. Qu'elle était bien présente près de nous et il avait donner des détails bien précis sur Virginie , des révélations qu'il ne pouvait connaître. Je l'avoue je fus bien étonnée par tout ce qu'il avait dit . En plus il avait la réputation d'être un bon masseur. Sa spécialité ,les reïki!!! et en plus il pratiquait le tirage des cartes. Intéressant!! Avec Valérie nous étions bien tentées pour le consulter. Mais je n'en avais jamais eu l'occasion jusqu'au jour où je fus bien envahie par l'entité durant ses quatre jours. J'étais très affaiblie depuis ça et je me dis pourquoi pas assez de me remettre avec le reïki? Donc je me décidais enfin à sauter le pas. Connaissant ses capacités je pris rendez-vous sans lui dire ce qui m'arrivait vraiment. Voir ce qu'il allait me sortir , comme pour le tester un peu.

Raphaël arriva chez moi un lundi après midi. J'étais impatiente de voir les résultats de ses révélations. Enfin s'il y en avait.
Je vis un jeune homme d'une quarantaine d'années à peine. Bien sur lui, d'une prestance incroyable, d'une gentillesse que je ne peux même pas décrire. Dès qu'il est entré chez moi il a soufflé en me disant : «Il y a du lourd chez vous». Je souris!! Il installa son matériel et commença la séance. Mais avant cela il

m'avait avertie que je risquais de vivre des choses incroyables. Que je ne devais pas avoir peur de ce que je risquais de voir et même de ne pas retenir mon corps ci je sentais qu'il bougeait ou même s'il se mettait à léviter. Il me fit presque peur.

Durant l'heure, je vis des choses incroyables. J'entrevis des couleurs, des auras danser devant mes yeux. Je sentais un poids énorme sortir de moi. Et en fin de séance je vis juste de la lumière blanche. Pendant toute la séance, mes vitrines craquaient en tous sens. Une fois celle-ci terminée ,Raphaël m'avoua qu'il ressentait des douleurs dans le dos , aux chevilles et à la tête. J'étais époustouflée par ce qu'il venait déjà de me dire. C'étaient bien avant des douleurs chroniques que je ressentais déjà. Ce mal de dos provoqué à cause de mon travail , quant à cette douleur aux chevilles , en voici l'explication : j'avais été plâtrée par quatre fois durant mon adolescence , de plus je souffre de migraines oculaires. Puis il enchaîna avec mon deuil trop lourd à porter et je sentais qu'il n'osait pas parler d'un certain sujet. Je le compris car rien n'est plus délicat que d'aborder le paranormal quand on ne connaît pas la personne. Je mis donc moi-même le sujet sur le tapis. Effectivement il ressentait bien les entités chez moi. Celles-ci n'appréciaient nullement que ce monsieur soit présent , d'où les craquement dans mes vitrines. Lui sentait six présences , moi quatre. Je ne étais pas loin et je pensais que ce n'était pas mal pour un début. Nous discutions sur le sujet pendant une petite heure environ.

Quand il repartit j'ai fait «waouh quel mec !! » ce qui signifiait vraiment incroyable. Il me dit que j'allais évoluer dans ma voie spirituelle et qu'il me fallait rester confiante. J'éprouvais une drôle de sensation. Pas seulement à cause du reïki mais aussi par sa personnalité. Certes je planais, mais je me dis que cet homme allait jouer un rôle dans ma vie.

Je fis appel à lui un an après. J'étais malade et depuis trois semaines, je n'arrivais pas à me soigner. Je sentais que tout cela étais anormal. Travaillant en pharmacie, Sébastien me le confirma. Je sentais que nous étions plus de trois à la maison. J'avais ramené des mauvaises entités du cimetière à la Toussaint et c'étaient eux qui m'empêchaient mon rétablissement. Je demandais à Raphaël de revenir pour nettoyer ma maison. Les entités faisaient tout pour que cet homme ne vienne s'occuper d'eux. Nous avions été contraints de repousser le rendez-vous par deux fois et à chaque fois je sentais que celles-ci appréciaient. Mais jamais deux sans trois. On arriva enfin à les faire partir. C'était lourd et encore plus lourd pour Raphaël. Et ce jour là avec ce dernier nous comprîmes que quelque de chose de spécial se passait entre nous. Il me fit la bise et me dit qu'il faisait rarement la bise à ses clientes. En faite je dégageais quelque chose d'inhabituel. Cela me toucha. Je ressentais la même chose que lui par rapport à ses capacités spirituelles et il était content de rencontrer quelqu'un comme lui. Une belle amitié commença. Le début d'un changement de vie prenait une belle tournure.

La rencontre suivante est toute autant spéciale. Car cette rencontre est virtuelle. Mais quelle rencontre !!! On dit toujours que l'on doit prendre garde a sur ce qui se passe sur le net. Mais je crois que des hasards et points communs comme cela ne se rencontre pas partout.

Sur Facebook, je fais partie d'un groupe qui ne parle que de paranormal. On peut y poster des anecdotes et du vécu avec des photos à l'appui. Comme tous les jours je commentais une photo d'un autre membre. Une certaine Karine commenta aussi cette publication, bien que certains membres n'étaient pas d'accord avec nos commentaires. Je ne sais pas pourquoi j'envoyais un message en privé à cette Karine. Instinctivement, l'on finit par se trouver quelques points communs dans la première heure de discussion. Le premier bien sur était notre intérêt pour le paranormal et nous avions perdu chacune frère ou sœur , de plus lorsque nous parlions nous nous aperçûmes que nous pensions les mêmes choses...

L'une finissait ponctuellement la phrase inachevée de l'autre. Il se passait des choses bizarres chez elle lorsque nous nous parlions. Des problèmes techniques avec nos ordinateurs se déclenchaient ensemble. Enfin une connexion totale finit par s'établir entre nous. La seule chose négative c'est qu'elle demeure en Belgique et moi en France. Karine a la capacité de prédire l'avenir avec les messages de l'au delà. Elle me prédit une réussite totale dans ma voie spirituelle. Il va me falloir encore attendre pour voir si elle ne se trompe pas. Un jour nous parlions de son défunt frère. Elle avait tenté d'entrer en contact avec lui par l'intermédiaire de plusieurs médiums connus. C'était toujours un échec. Un jour, pour tester mes capacités, je lui demandais le nom et prénom de son frère ainsi que les dates de naissance et de décès toutefois sans grande conviction de parvenir à un résultat puisque les plus grands médiums n'avaient jamais réussi. Cependant je tentais l'expérience. Lors de cette EA j'écrivis six pages. Je me connectais et je lus à Karine tout ce que j'avais écrit.A ce même moment une chose incroyable se passa!!! Tous les mots avaient un sens pour elle. J'avais écrire «qui a volé ma moto bleue , triste pour Thomas » et pleins d'autres choses encore. Karine me confirma que sa moto bleue n'avait pas été volée. C'était son ex qui l'avait récupérée. Que son frère devait être le parrain de son fils et que son fils s'appelait bien Thomas. Sachant qu'elle ne m'avait pas encore dit comment s'appelait son fils. Je venais de l'apprendre par le biais de son défunt frère, Ludovic. Pour la première fois j'avais dessiné un cœur. Un cœur pour Karine de la part de Ludovic. Devant mon écran d'ordinateur j'étais en larmes et Karine bien plus que moi.

Pour nous deux il n'y avait bien plus qu'une évidence, c'était bien Ludovic qui nous avait mise sur la route l'une de l'autre pour qu'il puisse, enfin, faire passer un message à sa sœur chérie. Nos maris restaient stupéfaits de voir de ce qui venait de se passer ce jour-là. C'est à partir de ce moment là que je compris quelle était ma destinée. Aider les personnes dans le deuil en leur faisant passer les messages de leurs défunts. Voilà qu'elle était ma mission sur cette terre et dans cette vie !!

Ce que j'avais ressentis ce jour-là c'était vraiment de l'amour d'un frère décédé pour sa sœur vivante. C'était merveilleux. Redonner le goût de vivre aux gens après le départ d'un être cher c'était tellement fantastique. Ces mots ne sont pas assez forts pour décrire ce que j'ai vécu ce jour-là.

Depuis ce jour, avec Karine nous vivons une amitié extra-ordinaire. Un sentiment intense que nul ne peut comprendre. Nous avons vécu des instants magiques en neuf mois de temps. Je la considère comme ma grande sœur et elle comme sa cadette. Il se passe de conversation sans que quelque chose de paranormal s'effectue au moment où l'on se parle.

J'ai aimé la fois où elle a eu peur en voyant sa chaise de bureau rouler toute seule devant elle. C'était excellent de comprendre sa réaction devant un truc comme ça. Quand nous nous parlons nous sommes vraiment en connexion.

C'est grâce à cette rencontre que j'ai décidé de créer «L'envol de l'Ange ». En hommage à tous nos anges partis trop tôt et surtout pour Virginie. Karine a contribué, à sa façon, à cette petite micro entreprise. En plus elle m'a prédit que j'allais développer « L'envol de l'Ange» et que j'allais finir par la recruter. A l'entente de ces mots je suis restée sur les fesses. Elle me voit partir au Canada et en Belgique pour «L'envol». Seul l'avenir me le confirmera.

Comment expliquer cette fusion intense, ainsi que tous les points communs, avec une personne qu'on ne connaît pas physiquement ? Pour moi il n'y a pas de hasard, il n' y a que des rendez-vous dans la vie. Je crois que la rencontre suivante est la plus mieux représentative du mot «rendez-vous ».

Un jour, je demandais à Sébastien de chercher une boutique ésotérique dans notre région (l'Aube) et éventuellement dans l'Yonne. Il me dit qu'il se trouve une boutique justement à trente minutes de chez nous. A St Florentin exactement. Dans l'après-midi même nous nous y rendîmes. Nous fîmes la rencontre du propriétaire de la boutique, Franck, de «L'esprit mystique». Nous discutions de tout ce qui concerne le paranormal. Je vis sur son étalage une affiche d'un salon de la voyance et du bien être qui était organisé par la boutique elle même. Je décidais donc de m'y inscrire. Je crois que j'ai vraiment eu raison.

Je demandais à Raphaël s'il voulait bien exposer avec moi. Il accepta rapidement. Ces trois jours passés ensemble nous rapprochèrent encore plus. Sur les photos nous remarquions comme un genre de lien jaune qui nous liait l'un à l'autre. Et les énergies qui se sont dégager ce week-end-là on était vraiment forts et positifs.

Avec Raphaël, nous ressentions les mêmes entités et les mêmes impressions. Un peu comme ci celui-ci était mon alter ego masculin. Il fit la connaissance d'une partie de ma famille et amies et moi de ses parents, compagnon et amie. Notre belle amitié avança un peu plus à ce moment-là.

Je fis également la connaissance de deux Stéphanie. A croire que ce prénom-là, devait me suivre pour compenser un manque.

Il y avait Stéphanie L. écrivain, artiste et vendeuse en Litho thérapie. Une rencontre vraiment agréable. D'une gentillesse à toute épreuve. Elle m'a donné beaucoup de conseils par rapport aux pierres. Elle m'a fait même cadeau d'une pierre qui pouvait aider dans un certain domaine. Ce geste m'a beaucoup touchée. Cette personne dégage beaucoup d'ondes positives. Ce qui m'a surprise c'est qu'elle communique avec les animaux, cela doit être merveilleux à vivre. Elle a une relation particulière avec les chevaux. J'ai pu ressentir à la lecture de ses livre sa relation exceptionnelle avec le monde animal. C'est tellement beau. Un univers , son univers féerique.

Puis j'ai rencontré Stéphanie B. Cette femme fait exactement comme moi. La première journée, je ne l'avais pas remarquée. Il est vrai que la première journée, l'on s'installe et prend ses marques, on lie rapidement connaissance avec ses voisins, puis avec ceux installés plus loin. Je me dirige vers son stand où une affiche m'interpelle: «Et vous... Y croyez vous???» qui m'interpelle, accompagné d'un petit ange, comme un appel. C'est comme si je dois m'arrêter devant ce stand. Puis je remarque Stéphanie B. qui écrit des livres également. Elle pratique également l'écriture intuitive (pour elle) et elle initie les gens à l'écriture automatique. Elle pratique la thérapie du deuil. Elle est basée sur l'Yonne. Je commence à engager la conversation. Je lui explique que je fais pratiquement comme elle mais dans l'Aube. Que je débute en ce domaine. Elle me demande si c'est bien moi Amélie. Je lui répond par l'affirmative et elle a le sourire. Je me dis «tiens encore une femme forte sympathique». Et dans la conversation elle m'explique qu'elle avait remarqué ma carte laissée dans la boutique L'Esprit Mystique. Elle ne l'avait pas retournée tout de suite. Une fois chez elle fut stupéfaite par mon prénom. Je ne comprenais pas pourquoi? Elle m'expliqua qu'il y a deux ou trois ans elle était allée voir une voyante sur Paris. Elle lui avait prédit qu'elle rencontrerait une Amélie et de cette rencontre naîtrait du positif. Sachant qu' à l'époque elle ne connaissait personne de prénommée «Amélie» jusqu'à ce week-end là. Je restais bouché bée par cette révélation. Elle m'apprit l'avoir écrit. Je m'empressais de l'acheter. Nous échangions à nouveau nos cartes de visite et nous se promettions de rester en contact. Ce que nous avons suivi. Dès que nous le pouvons nous nous rencontrons pour parler de notre avancée spirituelle, professionnelle et privée. Elle m'invita à participer à l'un de ses ateliers «initiation écriture intuitive» sur Sens. Je ne manquais pas à ce rendez-vous que j'honorais avec plaisir.

C'est une femme formidable et cultivée. Nous nous complétons. Aucune concurrence. Nous communiquons par les réseaux sociaux et par SMS. De loin nous nous suivons réciproquement. J'envisage de l'inviter à participer également aux manifestations ayant lieu dans mes régions.

J'aime cette petite famille que je suis en train de me faire. Aucune onde négative. Aucune concurrence. Nous sommes tous complémentaires.

Je compte bien refaire le salon de la voyance et du bien être à St Florentin pour essayer de retrouver mes amis et cette ambiance très positive qui ne m'avait pas quittée de toute la semaine. J'avais repris le travail dans un état second et apaisée. Je n'avais jamais été aussi calme auprès de mes clients. J'essaie de trouver cette atmosphère en travaillant sur ma respiration et en méditant.

Au jour d'aujourd'hui je fais tout pour garder contacte avec toutes ces personnes là , pour mon équilibre. Je sais que nous avons chacun et chacune notre vie , notre parcours professionnel à tracer. Je sens que nos routes se recroiseront à nouveau. Ce ne sont pas pour rien que nous nous sommes rencontrées. Nous vivons tous la même chose. Je suis là pour les aider.Je pense que c'est réciproque. Nous ressentons tous de l'amour et de l'affection les uns pour les autres. Cela est dû à notre nouvelle destinée. Notre avenir est de donner de l'amour. Nous en recevons autant de la part de tous ces êtres invisibles qui nous entourent , car , la plus belle de ces rencontres demeure avant tout celle de ces amis là. Invisibles à l'œil nu, ils sont venus à moi , avec douceur , protection et amour. Leurs plus beaux cadeaux se sont ce qu'ils me laissent par moyen d'un signe. Un visage,un cœur ou un ange dans les nuages.... Un papillon qui vole autour de moi ou tout simplement quand ils me le disent ou écrivent. Ceci reste ma plus belle récompense . Toutes ces manifestations n'ont pas de prix. Tout se passe au .

plus profond de soi-même. Une chaleur immense tellement agréable à recevoir en plein cœur. Ils sont tellement Amour... Je ne pouvais pas imaginer à quel point l'Amour pouvait être aussi fort dans cette dimension là. Ce n'est rien à côté de l'Amour que nous ressentons pour notre conjoint ou conjointe , ou nos proches. Cela reste bien au delà de ce sentiment là.Lorsque nos êtres aimés se sont envolés vers la lumière éternelle , l'amour demeure bien plus intense que celui échangé dans cette vie terrestre. Dans notre dimension, tout se mélange. Amour , trahison , douleur , colère , l'appel du gain ….

Alors qu'avec eux, c'est l' Amour ou les flammes. Pour eux,tout n'est qu'Amour et Paix... rien d'autre. Avant que je ne connaisse tout cela je me demandais ce que pouvait ressentir toutes ces personnes qui se disent médium, voyant ou guérisseur. Maintenant je le sais. Mais il est tellement difficile de décrire avec des mots tout ce qu'on peut ressentir à leur niveau.

Leur amour nous guident vers toutes ces personnes qui nous apportent tellement de bien. Pour moi c'est sur, il n'y a pas de hasard. Ce ne sont que des rendez-vous. Des rencards d'amour ou d'amitié. Et franchement....voilà qu'il me pousse des ailes (d'ange). Nous ne nous sentons jamais seuls. Même si nous éprouvons une solitude importante. En fait ils ne sont jamais loin. Nous ne nous en rendons pas forcément compte. Nous sommes tellement aveuglés par notre tristesse ou désespoir que la moindre petite manifestation d'amour, de leur part, qu'elle peut passer inaperçue , même s'il y a des jours où nous avons envie de baisser les bras , ils seront toujours là pour nous relever. Tout ne peut pas toujours être noir toute notre vie.

Même ci l'on ne croit pas en Dieu essayons de croire en nos anges gardiens. Nos prières ou nos souhaits seront toujours entendus. Avec tout l'amour qu'ils nous portent, ils ne peuvent pas nous laisser tomber. Il y aura toujours quelqu'un pour nous aimer. Je conçois cependant qu'il est difficile d'y croire lorsque la perte de quelqu'un nous a plongé dans une grande peine.
Toujours garder espoir. Ils seront toujours là pour nous tendre la main et nous pousser vers le bon chemin. Néanmoins, nous restons toujours maîtres de notre destinée. Ils ne peuvent que nous guider.
Tout cela dans l'amour le plus pur.

8. Les Maléfices

Le côté démoniaque est partout. Il est très important de se protéger. Les personnes qui pratiquent sérieusement le paranormal le savent bien. On a beau prévenir les gens de ce monde du bas astral, les malins sont partout. Ceux-ci peuvent les empêcher de monter dans la lumière. Ils les emprisonnent dans notre monde alors que ceux-ci souhaitent partir rejoindre d'autres défunts.

Ils peuvent même nous induire en erreur pour nous détourner du bien.... pour nous attirer dans leurs griffes. Pour des personnes initiées à mon degré, nous parvenons à nous en rendre compte. Pour ma part j'apprends en avançant. C'est en faisant des erreurs qu'on apprend à déjouer le mal.
Heureusement que mon amie Karine est là pour me guider. Lorsque nous débutons dans ce domaine l'on peut vite se faire prendre dans leur jeu.
Nous ne mettons pas assez en garde contre toutes les méthodes de contacts avec nos défunts. Qui n'a jamais eu envie de pratiquer la table de ouïja dans son adolescence ? Qui n'a pas voulu voir un verre bouger seul ou voir une table se soulever du sol?
Toutes ces pratiques sont l'occasion pour le mal d'entrer dans notre monde. Ils profitent que des portes s'ouvrent pour passer entre les mailles du filet des prières de protections. Même des années après ils peuvent continuer à hanter les générations futures. Tout est possible pour eux pour prendre possession de chacun d'entre nous sans que nous puissions même le

soupçonner.

Je commence à en faire les frais. Même si nous pensons être protégés, nous ne le sommes jamais assez.

J'habite un petit village dans l'Aube. Depuis un an ou deux, une propriété m'attire. Un magnifique corps de ferme qui se situe à deux maisons de la mienne. Après des recherches, cette maison et ses deux granges accolées appartiennent à l'un des membres de la famille des premiers propriétaires. Un vieux corps agricole depuis des années. Je voyais un petit papy prendre l'air chaque après-midi entre deux mille dix et deux mille treize. J'avais toujours cette impression que cette maison m'appelait. Tous les jours, je tourne la tête pour la regarder.
Mon amie Karine me prédit qu'elle nous voyait vendre notre maison pour racheter un autre bien immobilier. Pour mon mari cela s'avérait impossible puisque qu'il était au chômage. Je parlais tout de même de ce corps de ferme à mon amie. Elle me demanda de prendre la propriété en photo et de la lui adresser par mail.

Cette propriété a beaucoup de potentiel, mais il faudrait envisager pas mal de travaux pour l'aménager et y vivre dans les normes.

Une fois, les photos envoyées, Karine m'assura qu'il s'agissait bien de cette maison qu'elle avait entrevue dans ses prédictions. Entre temps, avec Sébastien, nous faisions le tour de la propriété qui est laissée à l'abandon. Le petit papy que je voyais assis au bord de ce puits, qui se trouve juste devant la route, est décédé depuis quelques mois déjà. Personne n'habitait plus cette demeure. Pas si vide que ça cette maison !

Un soir avec Sébastien et notre fils nous faisions une promenade. Je décidais de m'introduire sur le terrain afin de regarder les granges de plus près. La nuit commença à tomber. L'ambiance était déjà bien pesante. Je me sentais observée. Une petite pièce de la grange de droite m' interpellait. C'était comme si une personne était prisonnière de ce petit endroit avec une cheminée. J'avais la chair de poule. Je sentais une présence derrière moi. Je crus qu'il s'agissait de Sébastien, mais il était resté loin de moi, pas rassuré du tout par cette endroit. J' observais par un trou dans le mur la plus grande salle. Là je me sentis oppressée.C'était comme si on me prenait par la gorge. Vraiment quelque chose de négatif.

Je reculais pour reprendre de l'air. En plein milieu du terrain je sentis plusieurs présences. Je passais près de l'autre grange. Là rien de particulier. Beaucoup plus apaisant que sa jumelle d'en face. Je tentais d'inspecter le terrain derrière la maison, vérifier s'il était grand ou pas. Impossible de passer la dite maison. C'était comme si on m'en empêchait. Comme s'il y avait un mur invisible. J'avais l'impression qu'on me retenait les pieds pour ne pas y aller. Je fis part de mes ressentis à Sébastien. Il me dit de ne pas forcer si je ne me sentais pas bien.

Je rebroussais chemin avec l'impression que quelqu'un ne voulait pas que je m'en aille. Mon ressenti négatif prit le dessus et je décidais d'écouter la raison. J'avais la chair de poule encore un moment. Je fis part de mes ressentis à Karine. Elle décida d'approfondir la photo. Elle y vit une petite fille à droite de la grange où j'avais ressentis quelqu'un d'enfermé. Elle me dit que la fillette m'appelait. Comme si elle criait «Au secours». Karine me dit qu'elle voyait comme une famille juste devant les escaliers qui menaient à la maison. Pour moi je fis le lien entre cette famille et la fillette.

Pour essayer d'avoir plus d'infos sur cette photo je la postais sur un gros de réseau social spécialisé dans le paranormal. Je rencontrais Claire et Martine qui me confirmèrent bien la présence de pleine d'entités sur cette photo. Claire est la pro pour entourer les visages. Elle en vit bien plus que moi.

Martine me confirma la présence d'entités démoniaques. Elle me confirma que ce sont elles également qui essaient de m'attirer vers cette propriété. Elle m'expliqua que si je devais acheter il y aurait «du nettoyage à faire » comme elle dit. Faire partir toutes ces entités pour qu'on se sente bien dans cette maison. Toutes ces âmes malfaisantes sont tellement présentes et nombreuses que même Sébastien serait mal à l'aise, même s'il n'a pas de capacités spirituelles élevées. Pour moi, ces entités négatives empêchent la fillette de rejoindre sa famille et d'aller vers la lumière.

Je ne me sens pas assez forte pour l'aider sur le moment et affronter ces entités démoniaques. Martine m'a conseillé de prendre du gros sel dans la main gauche pendant dix minutes. Mettre ce sel dans un sac plastique (type sac congélation) et mettre ensuite ce sac quand une casserole avec de l'eau chaude. Faire fondre le sel un minimum. Puis jeter le sac à la poubelle et surtout porter une croix

Cette méthode fait repousser les entités négatives. Je la pratique quand je me sens menacée. Dès que j'ai fait cette méthode la maison m'attire beaucoup moins.

Il est vrai que pour certains cette méthode peut faire sourire mais ça fonctionne pour ma part.

Depuis quelques semaines, nous avons remarqué, avec Sébastien que cette maison commence à se vider par les enfants du petit papy.

J'ai vite compris que le puits avait un lien avec ces entités démoniaques et certains phénomènes chez moi.
J'ai dû faire nettoyer la maison à plusieurs reprises par Raphaël et aussi par Martine.

En fait ces entités négatives et les entités haut astral profitent de mes débuts dans le domaine de la médiumnité pour se coller à moi.

Je n'avais pas fait attention à cela. C'est Sébastien qui m'a fait remarquer qu'à chaque fois que je fais la tournée des cimetières pour la Toussaint il m'arrive quelque chose, niveau santé, dans les jours qui suivent.

Une année je me suis tordue une cheville au travail. En arrêt cinq semaines. Impossible de poser le pied après mon arrêt. L'année d'après je me retrouve complètement bloquée niveau du dos. Cette fois ci, j'ai du m'arrêter six semaines. L'année encore suivante, je me retrouve clouée au lit avec une bonne angine blanche pendant trois semaines. Sébastien qui est dans le médical me dit qu'il n'a jamais vu une angine durer aussi longtemps. C'est là qu'il me fait remarquer que ces aléas arrivent toujours à la même période de l'année. C'est a partir de mon angine que j'ai décidé de faire nettoyer ma maison. Quand j'étais bloquée ou malade je sentais les entités négatives réagirent. Quand Raphaël est venu nettoyer, je les ai également senti manifester leur désaccord.

J'arrive aujourd'hui à les ressentir quand ils sont chez moi. Je suis angoissée. J'ai peur. Je me sens observée.

Le pire a été quand un petit démon à profiter de mon manque d'expérience pour s'inviter chez moi.

Pour ce vilain j'ai même des preuves de sa présence. Pendant mes vacances d'été de deux mille quinze je décide de faire une séance d'écriture automatique pour une amie. Elle voulait que j'entre en contact avec son oncle décédé il y a trente-sept ans. Elle ne l'avait pas connu. Donc elle était curieuse d'avoir un contact avec lui.

Sébastien et notre fils partaient faire quelques courses et me laissaient tranquille pendant cette séance. Je décide de filmer cette séance pour la placer sur mon site internet et éventuellement avoir des signes des présences de mes amis invisibles.
Je voulais expliquer aussi à mes patients comment se passe une séance d'EA.
Je n'allais pas être déçue du voyage.

Je m'installais pour effectuer ma séance. Je fis brûler ma bougie blanche. Je mis ma vidéo en route. Je commençais à expliquer ma façon de procéder. Au moment où j'allais commencer la séance ma caméra s'arrêta avec l'objectif fermé. Je me suis dit qu'il n'y avait plus batterie. Tant pis, du coup je continue ma séance, car je ne coupe jamais une connexion avec un défunt. Une fois la séance terminée, je regardais ce qui avait bien pu se passer et vérifiait la batterie. Tiens !!! Celle-ci est toujours bonne. Alors je décidais de la remettre en route. J'expliquais à la caméra que je ne comprenais pas pourquoi elle s'était arrêtée. Je me levais pour arrêter la caméra car j'allais procéder au déchiffrage de ma séance.

Une fois terminée et la séance envoyée à mon amie je décidais de regarder la vidéo et essayais de comprendre ce qui s'était passé.

Je ne comprenais vraiment pas ce qui avait pu occasionner ceci. La vidéo était coupée à une minute vingt cinq au début. Lorsque je remis la vidéo en route, elle fut à nouveau coupée... là à quarante secondes. Elle repartit seule pour tourner pendant plus de onze minutes. Je ne comprenais vraiment rien. Pour moi je ne vois pas d'explications rationnelles à ce qui s'est passé. Sébastien décidait de faire un montage avec tout ça. Nous décidions de poster quand même la vidéo mais uniquement sur ma page professionnelle de « L'envol de l'ange» Facebook. En la postant je ne m'attendais pas aux réactions des copines (Karine , Claire et Martine).

Pour Karine et Claire il n'y a pas de doutes. Il s'agit bien l'œuvre d'une entité. Au début nous pensions à un esprit malin. Pour Karine, qui a plus de capacités, il s'agit d'un démon. Elle a les capacités de les entendre et là elle me dit quelque chose qui va me glacer le sang. Elle me dit qu'il s'agit vraiment d'un démon... il m'insulte. Elle entend « ne filme pas salope». Je reste sans voix. Avec son mari , ils font un montage du moment où on l'entend m'insulter. Elle m'indique à quelle instant il est insolent. Avec Sébastien nous essayons d'entendre et effectivement l'on entend derrière mon soupir un bruit sourd. Nous ne comprenons pas ce qu'il dit. Karine m'affirme qu'il me grogne après, mais nous n'entendons rien de cela.

Quelques jours après, j'ai expliqué tout cela à Martine... Entre temps j'avais ressenti des drôles des sensations. Une peur que je n'avais jamais côtoyé dans ma propre maison. Cette impression d'être observée était revenue. Dans la chambre, je ressentais un souffle froid au dessus de moi. La nuit suivante je ressens ce souffle et ce froid entre Sébastien et moi dans notre propre lit. Un truc de fou. Mon sommeil était vraiment perturbé. Ils aiment nous embêter la nuit . Leurs heures sont entre deux heure et cinq heure. Pendant ces tranches horaires ils aiment nous perturber. Ce qui nous fait passer des nuits blanches pouvant durer des mois pour certaines personnes , si personne de qualifiée pour ce genre de choses n'intervient pas.
Heureusement j'ai la chance d'avoir mon ange terrestre à mes côtés pour chasser ces crasseux comme nous les nommons avec les amies et moi-même.

Martine décide d'intervenir rapidement pour faire partir l'entité de chez moi. Ces combats contre les forces du mal ne se font pas en dix minutes. Suivant le degrés de méchanceté de l'entité négative, elle peut en avoir pour plusieurs heures. C'est déjà arrivé qu'elle monte jusqu'à six heures de combats et pas en une seule fois. Elle a aussi besoin de se reposer ; reprendre des forces. Ils sont difficiles à attraper. Ils ne se laissent pas faire. Pas toujours évident pour elle. Mais elle arrive toujours à ses fins
Pour ce combat, à mon domicile, elle en a eu entre deux à trois heures. Mais ce qui est étonnant pour moi, c'est que je me suis pris en plein visage les résidus de cette lutte contre ce

démon
en rentrant directement. J'ai eu quand même un temps d'arrêt avant de rentrer, car je sentais comme une présence... pas du tout démoniaque, bien au contraire. Une présence apaisante... je me sentais libre. Mais la force de l'énergie que Martine avait mis pour le combattre était bien là hé bien puissante. Je me sentais mal par cette force qui se dégageait de la pièce. Je deviens blême et épuisée. Comme d'habitude, Sébastien était impuissant à la scène. Parfois je le plains de le voir incapable de pouvoir soulager mon mal être.

J'écrivis à Martine comment je ressens tout cela. Comme je suis encore novice dans ce domaine, Martine m'expliqua la normalité ce que je ressentais et que je ne dois pas m'inquiéter. Mais pour moi c'était quand même un peu effrayant de vivre ces choses-là. Je n'étais pas préparée à ces manifestations aussi négatives. Je pense fortement que je ne suis pas au bout de mes surprises. Le chapitre suivant en est l'exemple même.

9- On ne s'improvise pas médium

J'étais à une période de ma vie où je me posais beaucoup de questions sur ma vie privée et surtout sur mon couple. Au bout de quinze ans de vie commune, je pus m'apercevoir que la vie n'est pas un long fleuve tranquille, surtout quand on n'évolue pas de la même manière. Au moment où je découvre mon avenir spirituel et tout ce qui s'y attache.

Nous sommes tous à un moment donné dans notre vie, fragiles. Je me rends compte que dans notre domaine ,ces moments là restent pour des personnes comme nous un moyen de pression ,négatif . Nous pensons toujours bien faire et dans les règles de l'art comme on dit. Finalement ça nous retombe dessus . On ne peut imaginer que ces actions peuvent avoir autant d'impact dans notre vie. Là ,l'on se rend compte qu'être soutenu est bien important. Que des personnes plus avancées que nous peuvent vite trouver des réponses à ce qui nous arrivent.

Depuis quelques jours je regarde pas mal d'épisodes de l'émission américaine « Ghost Adventure ».
Une émission où une équipe de chasseurs de fantômes filme leurs rencontres avec les esprits qui hantent certains lieux ou propriétés américaine. Certains épisodes sont vraiment impressionnants. Ils peuvent se retrouver possédés par les entités qui habitent les lieux. On ne peut imaginer jusqu'où cela peut dériver et du mauvais côté.

Avec Karine nous avions même parlé de la fois où le chasseur principal de l'équipe avait été possédé par un démon.
Le lendemain j'essaie de trouver un épisode où justement ils sont face à ce genre de phénomènes. Pour voir à quel point où ils peuvent aller dans la démence.

Justement après avoir regardé l'épisode je me suis sentie mal. Ma lèvre supérieur du coté gauche commençait à être paralysée. Ma main droite me faisait mal comme à chaque fois que mes invisibles ont envie de communiquer. Je ne voulais pas écrire depuis ma peur avec le démon pendant mes vacances mais une force incroyable à pris le dessus sur moi pour finalement que je me mette à mon bureau. Je décide une nouvelle fois de filmer la séance. Celle-ci dura quinze minutes. Vraiment ce fut très bizarre, à tel point que j'en eut même des nausées. Comme si une force invisible prenait possession de moi. Quand je repris conscience je me sentis toute drôle. Je décidais à nouveau de montrer la séance à Karine, Martine et Claire. Et là le coup de grâce avec Karine et Martine. Je suis effectivement prise en otage entre mes amis invisibles et le monde démoniaque. Même ma sœur Virginie m'avait écrit. Cela n'était pas arrivé depuis un bon moment. Lors de la séance ,alors qu'elle m'écrivait , mon stylo s'est mis à appuyer plus fort. Ce qui était inhabituel .

Karine avait entendu les démons me parler vulgairement, des grognements, des insultes et des menaces. Pour ceux et celles qui ont la faculté de voir nos invisibles, à la fin de la vidéo on pouvait y voir une ombre noire juste derrière moi. Martine confirma les dires de Karine.
Karine me fit part de la menace de s'en prendre aux miens s'ils n'arrivaient pas à m'avoir. Au même moment, elle entendit ma

sœur me dire «arrêtes Amélie, ma sœur, je t'aime».Elle criait de douleurs. En fait, quand le stylo appuyait plus fort c'était une crasse qui appuyait sur sa main à elle. Elle souffrait à cause de cette crasse. Ce serait elle qui m'aurait donné ses nausées pour que j'arrête.

Je restais sur le cul de tout ce que je pouvais lire des filles. Martine me dit que s'ils s'en prenaient pas directement à moi mais aux miens, mes proches ne feraient pas forcément partie du monde des vivants. Et là je compris qu'ils pouvaient s'en prendre à Virginie. Martine m'expliqua qu'elle a déjà vu des âmes mourir par ces crasses au moment même de monter dans la lumière. INCROYABLE!! Et j'en tremble de colère,de tristesse. Je me dis qu'il n'était pas possible , qu'ils s'en prennent à ma sœur là haut. Elle avait déjà tellement souffert ici bas , pas à nouveau là haut ,à cause de moi. J'avais passé une très mauvaise nuit avec ces révélations. Mais pourtant je ne sentais pas trop la présence de cette crasse. Ils sont tellement malins , que certains peuvent se faire discrets pour nous atteindre .

Le lendemain, le réveil fut difficile. Dur de travailler avec tout ça en tête. Quand je travaille, j'aime avoir la musique pour faire passer le temps plus vite cela crée une compagnie même ci l'on rencontre beaucoup de monde dans mon métier.

J'écoutais la chanson de Jean Jacques Goldman « Envoles moi».Une très belle chanson. D'un seul coup entre les paroles chantées par Jean Jacques j'entends «aides moi» par une voix féminine. Je me dis «c'est quoi ça?» Et je compris de suite que c'était Virginie qui me criait à l'aide. J'envoie un message, de suite , aux filles pour leur raconter. Martine décida de prendre les choses en mains tout de suite. Elle me demanda si ma maison était vide, ce à quoi je répondis non. Sébastien était à la maison. J'essayais de le joindre, en vain. Tant pis elle me dit qu'elle allait y aller et demander à ses anges de protéger Sébastien de ce combat de trois heures qui l'attendait. J'en tremblais de tout mon corps. Entre temps je réussis à joindre mon mari et je l'informe de ce qui allait se passer à la maison. Au cours du combat il me confirma qu'il n'avait jamais autant entendu la télévision craquer. Bien plus que d'habitude. Pendant ce temps j'envoie quelques messages à Claire et Karine afin qu'elles me rassurent un peu.

Il faut que j'attende la fin de mon service pour rentrer et pour avoir des nouvelles de Martine.

Quand je rentre dans ma maison, j'ai les jambes qui tremblent. J'ai l'impression qu'on me suit. Je me dis que je sens le fluide astral de Martine.

Martine a terminé peut de temps avant que je rentre à la maison. Je lui ai demandé si elle m'a vu rentrer, comme c'est arrivé une fois. Elle revient toujours voir un coup si tout est bien parti et si tout va bien. Cette fois, elle a eu le temps de partir.

Elle me raconte qu'elle est arrivée juste à temps pour sauver ma sœur. Elle lui a dit qu'elle venait de ma part et que Virginie devait se mettre derrière elle pour la protéger et combattre le démon qui s'en prenait à elle. Martine ne pensait pas voir Virginie. Elle m'affirma avoir vu une belle blonde. Je me mis à pleurer encore plus. Je lui adresse une photo de Virginie et elle me confirma que c'était bien ce visage qu'elle avait vu. Alors là les vannes se sont ouvertes encore plus et impossible de m'arrêter. Je lui dis que j'ai pu ressentir la présence de Martine. Elle me dit que non que ce n'était pas elle mais sûrement Virginie. Voici que je pleure encore plus. Ce qui est sûr c'est que c'était une femme. J'ai mal d'avoir fait subir cela à ma défunte sœur. Avec les filles je compris que je devais faire une pause sur les écritures automatiques. Je venais de comprendre que ma vie privée m'empêchait de protéger les miens et moi-même correctement. Je devais régler mes problèmes avant de reprendre. Il y avait une faille chez moi, les négatifs avaient trouvé comment m'atteindre. Je devais absolument fermer cette faille.

Le jour même, je décidais d'aller prier. J'avais tellement de choses à dire à Marie et Jésus. Je ne pouvais pas finir la journée ainsi.

Je passais une nuit comme un bébé. Sereine! Soulagée pour Virginie qui était à nouveau en sécurité et en paix. Je m'en serais voulu de la perdre une nouvelle fois. Qu'à cause de moi, Valérie ne puisse à nouveau lui parler. J'aurais pu briser ce lien de jumelles pour de bon. Je culpabilise encore. Je crois bien que j'aurais à ce moment là définitivement tout arrêté coté paranormal.
Le lendemain je repris le travail un peu plus légère. Une journée bien plus calme mais pleine de questions. Comment le monde des esprits se révélait si puissant. Entre mes questions, j'ai entendu au fond de mon bus un «MERCI»... pourtant j'étais bien seule. Je ressentis un amour immense et pas de regrets. Je compris que Virginie ne m'en voulait pas. Qu'elle serait toujours là pour moi et que je l'avais sauvée à tout jamais et surtout au bon moment surtout.

10.Paranormal womens angel's

Il y a de ces rencontres qui bouleversent toute une vie. Nous pouvons avoir des doutes au début surtout quand elles sont virtuelles. Nous nous devons d'être toujours attentifs à la moindre parole suspecte. Au fils du temps l'on se rend compte que les personnes sont sincères et ce qu'elles vivent est bien plus impressionnante que ce que nous ressentons. Ce que je vais vous raconter va vous paraître dément, mais je l'ai bien vécu et en présence de Sébastien. Dans ce cas nous sommes tous les deux fous.

Ma première rencontre virtuelle, et incroyable, ce fut Karine. Je m'étais inscrite dans un groupe spécialisé dans le paranormal sur Facebook. Toute personne peut y joindre des photographies. Raconter des histoires vraies ou tout ce qui touche au paranormal. Je regardais régulièrement les photos où soit disant l'on pouvait y voir des visages dans certaines situations. Effectivement parfois on y voyait bien des traits qu'on ne pouvait expliquer. Je décide de mettre moi même des photos de choses paranormales de tout ce qu'on avait vécu dans ma famille. Certaines réponses étaient quelque peu farfelus, d'autres irrespectueuses, par contre , d'autres avaient un sens. Dans ce genre de groupe il faut en prendre et en laisser.

Un dimanche je décide de passer un peu de temps sur ce groupe. Je commente une photo où Karine commentait aussi la même photo. Ce que nous disions avait un sens, mais la personne qui avait mis la photo était perdue car une personne disait le contraire de nous. Le ton commençait à monter. Moi je décide de laisser tomber la conversation car l'autre personne s'entêtait et ne voulait pas entendre ce que nous disions. Je sentais que Karine avait la tête sur les épaules et qu'elle avait foi en ce qu'elle disait. Je décide de lui parler en privé. Ce que je n'avais jamais fait depuis que j'étais dans ce groupe. Nous parlions de la personne qui était butée dans son entêtement.A chacun, chacune ses convictions et nous respections. Cette conversation nous a surprise toutes les deux et à duré plusieurs heures. J'eus l'impression qu'on m'avait mis Karine sur ma route. Elle aimait le paranormal. Elle me raconta qu'il y avait pleins d'entités chez elle. Qu'elle et son mari vivaient au jour le jour avec eux. A chaque fois que l'une ou l'autre parlait d'un sujet précis l'autre affirmait qu'elle vivait ou avait vécu la même chose. Avec Karine nous avons dix ans d'écart. Comme avec ma sœur Stéphanie.

Ce qui nous a le plus impressionnées, est lorsque nous nous parlions, nous étions connectées spirituellement. Nous ressentions ce que l'autre ressentait et cela au même moment. Les entités étaient tous autour de nous. Comme si nous ne formions qu'un ensemble toutes les deux avec eux. Nous avions la chair de poule au même moment... des maux de têtes semblables. Nos ordinateurs se déconnectaient ou avaient toujours un problème.

Nous avions tellement de points commun qu'il était impossible que l'on se soit trouvée aussi facilement sur ce réseau. Puis il y a eu cette séance d'écriture automatique avec son défunt frère.
Karine a la faculté de prédire l'avenir grâce aux défunts qui l'entourent. Elle m'a annoncé des choses sur mon futur qui m'a étonnée. Après il faut voir...(cela demande à se vérifier dans le

temps). Maintenant je n'ai qu'une envie; aller jusqu'en Belgique la rencontrer. Serrer fort dans mes bras cette amie virtuelle pour quelle devienne réelle. Nous sommes curieuses de voir ce que ça donnera, elle et moi, dans le réel. Si autant de choses incroyables se passent , cela risque de faire des étincelles!!!

Claire je l'ai connue également sur le même groupe Facebook où j'ai connu Karine. Claire est une admin du groupe. J'étais intriguée par ses capacités à repérer les visages des entités sur les photos publiées sur le groupe. Elle arrivait à intercepter le bien et le mal. Moi je ne voyais que les visages mais impossible de dire s'ils étaient bon ou mauvais. Je surveillais toutes ses interventions dans le groupe.Elle tenait à cœur son rôle d'admin. Elle avait une écoute , un parler . Malgré ses capacités limitées , elle m'attirait par sa personnalité et son charisme. Petit à petit nous avons lié d'amitié. Une femme fantastique et bourrée d'humour. Je remarquais qu'elle correspondait beaucoup avec une certaine Martine. Elle l'appelait son ange terrestre. Je constatais que Martine faisait partie d'une autre partie de catégorie de personnes qui était plus élevées que les autres personnes présentes dans le groupe. Je surveillais également les interventions de Martine. Elles étaient fort étonnantes. Qui était cette femme qui nettoyait les maisons et les personnes de toutes ces crasses négatives, qui rodent autour de nous, sur cette Terre? Beaucoup de personnes la remerciaient de son travail . Tout ce petit monde du groupe, dont le rôle était de soulager toutes souffrances physique, toutes attaques inexpliquées... photos à l'appuie.
Un jour je décidais de contacter moi-même Martine pour des sensations étranges en moi. Elle me demanda des photos de chez moi et de ma personne. Elle me confirma qu'il y a un bien

un petit malin qui rodait dans ma maison. Elle m'expliqua qu'elle pouvait intervenir pour le faire partir. Comment faisait elle ? A quel prix? Elle arrivait à se téléporter spirituellement chez les gens pour chasser le mal. Ces choses là sont assez difficiles à expliquer avec des mots tant qu'on ne les vit pas. Pour le prix eh bien!! pas de prix. Elle faisait cela gratuitement. Parce que cela fait partie de sa destinée. Tout ne se fait pas payer.
Elle me demanda juste de laisser la maison libre pendant deux heures pour partir à la chasse aux méchants. J'étais au travail. Sébastien chez ses parents et notre fils à l'école. Donc place libre.
J'étais curieuse de ce qui allait se passer.
Après plus de deux heures, je lui envoyais un message et cela devient une histoire magnifique. Elle me parle effectivement de mon guide qui l'a accueillie chez moi. Il lui montrait tout le petit monde invisibles qui vivait avec nous. Certaines entités qu'elle me décrivait, je les connaissais grâce à mes capacités. Elle m'expliqua qu'ils étaient tous fiers de moi de ce que je suis devenue et ce que je faisais pour eux. J'en avais les larmes aux yeux d'entendre cela. Elle me dit qu'il y avait une porte invisible dans ma maison qui permettait de les faire passer vers la lumière. Une belle porte lumineuse ovale avec les couleurs de l'arc en ciel. Elle ne n'avait jamais vu de telle porte chez personne d'autre. C'était la première fois qu'elle vivait une chose comme cela. C'était merveilleux pour elle. Elle me décrivait cet homme qui avait fait visité notre chez nous. Un homme très lumineux. Taille moyenne, brun, un peu dégarni , une soixantaine d'année.
Pour moi cet individu invisible me parle. Je décidais de dire à Sébastien de lire la conversation. Il était surpris par les révélations de Martine. Il me demanda s'il pouvait lui envoyer

les photos de son grand père. J'ai dit oui, bien-sur. Ils étaient tous les deux en larmes . Effectivement Martine reconnut le défunt grand père de Sébastien. C'était magnifique. Moi qui était au travail , je ne pouvais me permettre de pleurer au volant. D'où frustrations. Avec tout ça j'en avais oublié son combat avec le malin. Elle me dit juste qu'il était parti. On était stupéfaites de ce qu'elle avait vécu auparavant.

Par la suite Martine et moi devenions proches et l'on partageait nos histoires. Celle-ci m'expliqua un peu ce qu'elle vivait au jour le jour pour aider le monde de ces entités négatives et démons.

Je compris par ces récits qu'elle était très proche de Claire comme moi je le suis devenue avec Karine. A force de communiquer les une avec les autres de part en part, nous décidâmes enfin de se parler toutes les quatre. Là il se passa quelque chose de fort. Une alchimie parfaite. Chacune de nous se complétaient avec nos propres capacités.

Un jour Karine me parla d'un projet qui lui était venu en tête. Elle y pensait depuis quelque temps. Elle m'en parla en premier. Pourquoi ne pas créer un groupe sur Facebook , avec seulement nous quatre comme admins. Nous aiderions les personnes qui en ont besoin sur des cas de possessions , des démons ou entités malsaines , etc.. chacune à notre niveau nous apporterions quelque chose aux gens. Pour ma part c'était d'accord. Il ne restait plus qu'à en parler à Claire et Martine. Nous arrivions tant bien que mal à nous poser une heure pour en parler ensemble et mettre des règles à ce projet. Nous avons mis quinze jours pour nous mettre d'accord sur le concept exact du groupe.

Un soir d'Août deux mille quinze, nous étions toutes connectées .A croire que c'était le moment de mettre en ligne notre projet. Il se passa des sensations étranges, une chaleur intense dans la poitrine de chacune, des manifestations bizarres. Une connexion spirituelle parfaite était entrain de se faire. Même le mari de Karine et Sébastien sentirent qu'il se passait quelque chose tellement c'était fort. Il ne restait plus qu'à trouver le nom du groupe. Je lançais une idée , puis Claire , puis Karine et Martine et l 'osmose était là . Karine me fit l'honneur de lancer le groupe. A ce moment là , les poils se dressèrent sur mes bras. Paranormal womens angel's était né.

Ce n'était pas tant le principe du groupe qui était fort mais les sensations éprouvées lors de la fusion de nos capacités spirituelles. Cela peut paraître fou mais c'était bien réel. Cet amour éprouvé entre nous je ne l'avais jamais vécu. Aucune de nous d'ailleurs.

Je me rappellerais toute ma vie de ce moment unique que finalement le virtuel peut procurer. Si un scientifique peut nous expliquer ce qui c'est passer ce soir là, je suis preneuse . Nous sommes peut être nées avec des capacités spirituelles plus développées que chez d'autres personnes «dites normales», mais nous cherchons avant tout à trouver une explication rationnelle avant d'employer le mot «inexpliqué».
A la suite de ce groupe Martine nous a fait une révélation surprenante. Quelques mois avant cela, elle avait reçu un message. Elle devait trouver quatre sœurs qui avaient des capacités pour sauver des personnes des forces du mal. Elle avait laissé tomber cette idée car ça lui paraissait incroyable et introuvable. Eh bien c'était peut être nous? Seul l'avenir nous le dira. Avec le temps , la vie reprend son court et chacune vaque

à ses occupations mais pour ma part la connexion est toujours là.... bien présente. Peut être quelque chose extra-ordinaire peut nous arriver. Mais je ne le cherche pas. Si cela doit arriver, cela arrivera.

11. Sensitive

Comme beaucoup le savent , il existe plusieurs types de médiums. Les clairvoyants , les clairaudients et les sensitives. Certains médiums peuvent être tout à la fois. Je pense qu'il peut être difficile de gérer toutes ces appellations à la fois. Je pense qu'il peut être difficile de gérer toutes ces capacités , surtout ci elles se développent toutes en même temps.

Les clairvoyants peuvent donc voir les entités. Les clairaudients peuvent les entendre et pour les sensitives c'est tout ce qui touche aux sensations et sentiments.
C'est mon cas. Tout se passe par les sensations et la télépathie.
Pour essayer de décrire au mieux ce qui se passe chez moi.
Pas toujours évidant de trouver des mots pour expliquer mes capacités. Surtout quand on ne connaît pas le sujet.
Comme je dis : ça ne s'explique pas, ça se vit.

Mes premières sensations ont donc eu lieu avec mes premiers contacts avec Virginie. On a tous eu cette impression d'être épié de ne pas être seul dans une pièce. Nous avons tous connu cela. Pour moi c'est plus développer. Ça peut être troublant mais aussi réconfortant.

J'ai toujours l'impression de ne pas être seule. Mais en plus mes amis invisibles confirment tout le temps leurs présences par des bruits. Ces petits bruits ou claquements qui me font dire: «oh! tu n'es pas seule. Nous sommes là nous» . Quand je suis dans une maison, ils passent par des claquements dans les vitrines, les télévisions, les murs et les meubles. Quand je suis en consultation deuil c'est souvent le cas. Les personnes qui n'ont pas l'habitude, sont toujours étonnées par ce premier contact. J'aime leur dire que nous ne sommes pas seuls. Que leurs défunts sont déjà présents. Forcément leurs réactions sont l'étonnement et je peux comprendre leur surprise.

Mais ce qui étonne beaucoup de monde c'est quand je leur dis un mot ou un prénom qui ont un sens pour eux. Je suis toujours épatée de ce que je peux leur révéler. Je suis dans l'apprentissage tous les jours. Quand mes patients disent « oui c'est vrai», là je prend toute une bouffée d'amour dans ma poitrine. Mais je peux prendre aussi de la tristesse, de l'angoisse ou de la colère. Tout dépend ce que ressent l'entité. Lors de mes consultations en deuil , je ne demande pas forcément à avoir un contact avec mes amis invisibles. Ils viennent à moi naturellement .Je ne préfère pas aller les chercher. Que cela ne perturbe pas leur repos. Je ne suis que le lien entre leur monde et leur famille.

J'aime ces moments où je décris leur vie terrestre vécue. J'apprends à les connaître mais aussi leur famille et leur passé.

Lorsque je pratique mes écritures automatiques tout ce passe par le même principe. Les mots me viennent en tête avant même que je ne les couchent sur le papier ou plutôt ce que le monde invisible me transmet sur ce support. C'est comme si j'anticipais ce que j'allais écrire. Tout est clair quand je suis dans l'action. Une fois la séance terminée et que je reviens à moi,je me souviens peu de ce que j'ai écris. Je ne découvre qu'à la lecture de ma séance ce que j'ai transcris . Parfois il m'est impossible de relire tellement c'est mal écrit. Là c'est frustration de ne pouvoir déchiffrer leurs messages.

Généralement ce ne sont que des messages d'amour.
Quand ils se connectent à moi sans support, les mots ou des scènes me viennent comme ça. Sans les titiller. Ça étonne toujours Sébastien quand je dis des choses qui n'ont rien à voir avec ce qu'on fait. Il ne se pose même plus de questions. Je peux même décrire physiquement l'un de mes amis invisibles à la maison. Avec le temps et l'expérience je n'arrive toujours pas à comprendre ce qui se passe. Je laisse faire les choses . Il faut juste que j'arrive à mettre des barrières pour être tranquille et me retrouver. Pour me ressourcer . Car c'est beaucoup d'énergie dépensée . Il est important de faire sa bulle.

Même avec le temps je commence à développer de l'empathie. Quand ça me vient c'est difficile à gérer. Ça peut m'arriver même au travail. Une envie de pleurer ou la colère immense d'un adolescent peut me ruiner ma journée.

D'où l'importance de se mettre dans son cocon. Voilà pourquoi la méditation et la nature sont importants, mais aussi l'amour de sa famille. Ça permet de se remettre en question et de redescendre sur terre quand on se sent perdu. Sébastien et notre fils sont ma protection et mon équilibre. Je sais que je pourrais toujours compter sur leur amour. Même si les entités n'ont pas de limite pour me déranger.

Ils sont aussi d'autres solutions pour se faire comprendre. Et dire qu'ils sont là. Qu'ils ont un message à faire passer.
Tout passe par la sensation du toucher sur la peau.
Ils aiment me titiller comme ça.

J'ai mon « baromètre à esprits » comme je dis. Il s'agit de mon tatouage.
Comme certaines personnes le font , lorsqu'elles perdent une personne chère, elles se font tatouer quelque chose en mémoire de leur défunt. Cette idée m'était venue avant même le décès de Virginie, mais je ne savais toujours pas quoi faire figurer, ni où. Après le décès de Virginie ,l'idée a fleuri dans ma tête .
J'ai cherché pendant des semaines ce qui la représenterait. Jusqu'au jour où j'ai trouvé et je me suis lancée. Je ne pensais pas que cette marque allait devenir bien plus qu'un simple tatouage.

Après quelques jours, celui-ci commençait à me picoter. Je me suis dit que c'était la cicatrisation. Mais au bout de deux mois je trouvais que ce n'était plus normal. Je demandais à des personnes qui ont suivi le mouvement dans ce domaine, dont une collègue qui avait été voir la même tatoueuse. Elle me dit que tout allait bien pour elle. Je ne comprenais pas pourquoi moi j'avais des drôles de sensations depuis ce tatouage. C'était toujours différent en plus. Soit un chatouillement,soit comme des aiguilles, jamais au même endroit mais toujours sur le tatouage.
J'ai enfin fini par comprendre. C'était les enfants entités de chez moi qui faisaient joujou avec moi. Ça les intriguait et les autres ont suivi le mouvement. Lorsque cela faisait trop mal je les disputais. Ça faisait rire Sébastien et notre fils à chaque fois. On dirait un singe qui s'agite raillaient-ils. Pas évident de gratter son tatouage sur le bas de la nuque.

Mais ils aiment aussi les câlins. C'est ainsi qu'ils aiment se manifester. Je ressentais des câlins sur les joues. Et ça peut venir à tout moment, c'est bien agréable. Jusqu'ici je sais de qui ça vient. Ça peut être mon guide (le grand père de Sébastien, Delphine ou d'un défunt encore amoureux de sa chérie).

Il y a aussi tous ces courants d'air froid qui me viennent alors qu'il fait chaud ou dans une pièce fermée. Et la sensation d'en avoir pleins sur les épaules. Comme des poids morts qui m'appuient sur le dos.

Ah j'ai oublié aussi les caresses dans les cheveux. Cette impression qu'on vous touche les cheveux. Comme s'ils vous témoignaient toute leur affection envers vous. Comme c'est agréable.

Ce que je n'aime pas c'est quand ils se connectent lorsque je conduis. Cela peut être très dangereux. Je suis comme dans un état second. Je suis consciente de ce que je fais mais je reçois leur message en même temps. Et je râle toujours. Quand ils partent c'est comme ci je revenais à moi. Comme un «POUF» et je reviens. Quand je ne conduis pas ça ne me dérange pas ,mais dans le cas contraire ,niet, d'où l'importance de sa bulle. Je commence seulement à gérer ce truc. Va falloir que j'avance encore plus là dessus. A la longue je ne pourrais plus gérer tout cela.

Ça devient un métier à plein temps. J'aime leurs marques d'affections, mais ils vont devoir se retenir quand je suis en mode CONDUITE.

À force de pratiquer je m'ouvre vers d'autres méthodes qui complètent l'écriture automatique et mes visions. Oui j'ai également des visions. Tout cela me vient quand je suis couchée. Dans la phase où l'on commence à s'endormir. C'est ainsi que j'ai pu voir certaines des entités , de mes guides . Mais il n'y a pas seulement de bonnes choses dans mes visions. Je peux apercevoir des trucs qui peuvent faire peur. Et j'espère vraiment que mes visions ne sont pas des visions du futur. Le pire c'est que je ne suis pas la seule à avoir eu ce genre de visions. Mais certaines d'entre elles peuvent être vérifiées juste sur internet sur des événements passés. Donc l'avenir nous le dira.

Maintenant je vais noter et dater toutes mes visions afin d'en constater l'évolution.
Je reste dans l'optique de voir mes guides. Néanmoins, si ma destinée me permet de voir également l'avenir, j'aurais pas le choix de l'accepter.

Je garderais toujours en moi ces sensations qui font que je sais que je ne suis pas seule. Qu'on n'est pas seuls. Essayer de contrôler les portes quand je voudrais qu'ils me parlent. Mais je ne pourrais pas toujours tout maintenir de leurs envies et de leurs moments présents auprès de moi.

12. Le commencement

Je me suis toujours posée la question pourquoi moi? Pourquoi je développer autant de capacités? Mais aussi pourquoi seulement ma sœur Valérie et moi développons tout cela? Pourquoi pas mes parents et mes autres sœurs? J'ai commencé à chercher des réponses à ces questions. Ce n'est pas évidant quand nous avons des cartésiens dans la famille. Heureusement que d'autres membres de la famille sont plus ouverts. Nous trouvons des oreilles plus à l'écoute.

Un jour j'ai rendu visite à l'une de mes tantes. Cela faisait longtemps que je n'étais pas allée la voir. Je la sentais ouverte à tout ça car elle suivait ce que je mets sur les réseaux sociaux. Toujours curieuse de ce que je publiais. Je profitais de cette visite pour lui expliquer ce qui se passait chez moi. Elle était intriguée par mon récit. J'osais enfin lui poser la question si dans la famille , quelqu'un ,était attiré par tout ça. Beaucoup de personnes dont mon ami Raphaël ,affirment que mes capacités pourraient venir d'une grand-mère qui cachait ses dons. Et qu'aujourd'hui elle veillait sur moi. Une grand-mère proche de moi de son vivant. Je pensais à mon arrière grand-mère que j'aimais énormément. Son décès m'avait affectée à l'âge de douze ans. Avec mes sœurs , on l'appelait Mémère aux pièces. Toujours une pièce à donner , ainsi que des gâteaux pour le goûter. J'aimais passer du temps avec elle. J'ai toujours eu l'impression qu'elle veillait sur moi avant même de vivre tout ceci.

Effectivement, ma tante me confirma que sa grand-mère (donc mon arrière grand-mère) lui avait déjà tiré les cartes. Mais elle ne l'avait plus jamais vu faire ça. A l'époque cela devait être encore plus tabou qu'aujourd'hui.

Effectivement, elle devait se cacher ou alors se mettre des barrières pour ne pas dévoiler ses capacités. Ma tante ne m'a pas dit si le tirage de mon arrière grand-mère s'était avéré exact avec le temps.

Une partie de mes questions était révélée, mais je sentais qu'il y avait quelque chose d'autre d'enfouie au fond de moi. Mais impossible de dire quoi ?
Quelle était cette chose qui me bloquait. Comme quelque chose d'invisible. Impossible à décrire.

Puis un jour ma mère commenta une de mes publications sur le net. Elle avait écrit qu'elle avait des révélations à me faire. Et au niveau révélation on était servis à ce moment là. Donc je l'appelais aussitôt. Pour elle cela pouvait attendre de se voir. Mais pour moi je sentais que non. Je devais savoir.

Elle me raconta que le matin même elle avait regardé un reportage sur l'écrivain Didier van Cauwelaert où il parlait de son roman « La vie interdite ».

Dans ce livre, il racontait la vie d'un homme qui avait vécu une mort imminente. Il racontait en détail ce qui pouvait se passer lors de cette mort. Une dame lui avait parlé de son livre en le remerciant de l'avoir écrit et que lui aussi avait pu mettre des mots sur ça. Il donnait tellement de détails qu'il avait lui-même vécu cela. L'écrivain dit que non. On lui conseilla d'aller en parler avec sa mère. Effectivement cette dernière avait fait la révélation de lui dire qu'il avait été réanimé à sa naissance. Et à ce moment là, ma mère comprit peut être le pourquoi de mes capacités. Ma mère est quelqu'un de cartésienne mais curieuse. Elle me raconta que lors de ma naissance j'avais été, moi aussi réanimée. Je savais déjà que j'étais née avec le cordon ombilical entouré quatre fois autour de mon coup. Mais elle avait omis de me dire que je ne respirais plus et que les médecins avaient été dans l'obligation de me réanimer.

Là je compris que lors de cette mort imminente j'avais sûrement ramené des choses avec moi. Je ne me souviens de rien. J'étais tellement petite que rien ne me revient en tête. Je pense que juste le subconscient peut avoir gardé des souvenirs de cette étape de ma vie qui commençait à peine.
Je n'ai aucun souvenir de ce tunnel blanc, lumineux. De certaines voix douces. Je ne pouvais pas voir ma vie qui défilait devant mes yeux puisque ça faisait à peine quelques minutes que j'étais sortie du ventre de ma mère.

Est-ce que j'avais gardé en moi une conscience auditive, visuelle ou sensitive de cette expérience dans mon cerveau ?
Les médecins confirment que celui-ci garde un état de conscience après l'arrêt du cœur, même quelques minutes après. Je ne peux me souvenir d'être sortie de mon petit corps ou de me voir flotter au plafond.

Pour ma mère c'était comme une évidence pour elle. Cet événement de ma jeune vie peut avoir un lien avec mes capacités d'aujourd'hui. Pour moi c'est une source sûre. Je le sens profondément. Quelque chose qu'on ne peut pas décrire. Je n'arrive pas à le traduire par des mots.

Quand je vois des photos qui mettent en image ce tunnel blanc avec un être à l'intérieur, j'ai l'impression de l'avoir vécu. J'avais cette sensation avant même que je connaisse cette révélation. Elle fait partie de ma vie.

Pour moi l'on a dû me renvoyer sur dans cette vie avec une mission bien particulière. D'où cette sensation depuis toujours, que j'avais quelque chose à accomplir ici. Le sentiment d'être entourée . Que je devais choisir un métier où je devais être en contact avec du monde. C'est vrai , avec le recule , j'ai toujours exercé des métiers de contact. Avant j'étais caissière et aujourd'hui conductrice de bus. Toujours un métier où je devais servir les gens. Où je devais développer mon coté souriante et apaisante. Transmettre des connaissances .
Aujourd'hui j'ai enfin trouvé.

Mon point de départ vient bien du jour de ma naissance. Où je suis née deux fois. D'autres personnes qui ont vécu ces morts imminentes disent bien qu'elles sont nées après cette mort-là.
Eh bien moi je l'ai fait deux fois le même jour.

Cette mort imminente est comme une évidence chez moi. Plus les capacités de mon arrière grand-mère. Enfin des réponses à mes questions.

Après tout cela, je suis à même de me poser la question, si pour mon fils cela restera important pour lui. Si toutes ces conséquences vont influencer sur sa vie? Déjà il y a bien des gênes héréditaires. Pour certains médiums, mon fils sera un grand médium , plus fort que moi encore. Mais pour le moment j' essaie de le protéger de tout ça. Que ça ne le perturbe pas trop dans son développement. Après lui seul fera barrage à ses capacités.

Maintenant que je sais tout ça, tout se met en place dans ma tête.

De drôles de sentiments dans mon adolescence, des apparitions, mes difficultés avec ma foi. En fait je me suis cherchée toute ma vie. Le décès de Virginie n'a été que le déblocage. Il y a toujours un déclic à nos capacités. Les dons ne se montrent pas par magie. Tout cela reste enfoui et ne se révèle que le moment voulu.

13.L'avenir

Que me prévoit l'avenir aujourd'hui? Je ne le sais pas. Beaucoup de médiums, voyants et amis m'ont prédit un bel avenir dans le domaine des morts. Ça peut paraître morbide pour certains , mais on ne se rend pas compte comment prendre soin de nos défunts peut apporter de bon à nos vivants. Voir des familles se reconstruire après mon passage est la plus belle des récompenses.

Je sais que je ne suis qu'au début de ma vie spirituelle, mais je suis tellement bien à faire passer tant de messages. Tellement de messages d'amour. Je ne demande que ça à aider nos défunts.

Beaucoup sont parmi nous pour qu'on les aide. C'est ce que je vais essayer de faire à mon échelle. J'ai plein de projets pour eux et leurs familles. Ça peut faire peur. Et je comprends les personnes qui peuvent me prendre pour une folle, mais je ne peux expliquer certaines choses. Je commence à m'écouter , car m'écouter c'est aussi les écouter. Pour certains, le paranormal n'est pas leur vie ,mais pour moi c'est la mienne. Je voudrais m'occuper de mes amis invisibles à plein temps. Car c'est beaucoup d'énergie que je ne peux pas toujours canaliser au travail. Quand je roule et que je les sens tous autour de moi,c'est comme une impression que mon bus est complet alors qu'en fait il est vide. C'est difficile à gérer. Je suis d'accord pour les écouter mais ils doivent m'aider aussi pour être à leur écoute.

Être médium est un métier à plein temps. Je ne peux pas raccrocher comme quand je range mon bus. Une fois mon bus stationné au dépôt mon métier est terminé. Mais là, c'est la connexion constamment. Quand ils sont connectés, je me rends compte que je ne peux pas être au four et au moulin, comme on dit.

Quand ils sont parmi nous, je me sens comme absente mais présente pour les autres personnes autour.
Pour Sébastien, il arrive à voir quand je ne suis plus là.
Donc, dans mon métier de conductrice, je ne me sens plus en sécurité. Personnellement le métier ne me convient plus quand on sent autant d'énergies négatives engendrées par la société d'aujourd'hui. Je suis obligée de faire ma bulle pour éviter de ressentir tous ces gens en colère, tristes ,angoissés.
Sans compter tous ces automobilistes qui se croient seuls sur la route. Les énervés du volant comme je les appelle.

Pour moi maintenant, ce métier est là tout simplement pour faire vivre ma famille et payer les factures. Mais mon vrai métier et passion, c'est être médium, ce que je n'ai pas choisi d'être. C'est le métier qui m'a choisie et j'aime ça.

CONCLUSION

Bientôt cinq ans après le décès de Virginie, je n'arrive pas à réaliser ce que je suis devenue. Comment ce décès précisément a-t-il peut aboutir à une transformation totale de ma personne ?

Je savais que je me cherchais mais pas après un drame pareil. Je me serais bien passée de cette souffrance immense. Et que serai-je devenue ci Virginie avait réussi à combattre cette affreuse maladie.

Serai-je restée cette Amélie incrédule à la recherche de sa destinée toute sa vie ?

Comment d'une douleur, qu'est le deuil, peut-il sortir une chose aussi positive que le développement spirituel? Malgré tout ce changement en moi cela ne remplacera jamais le manque physique de Virginie. Sa voix, son rire , ses coups de gueule,son corps physique. À tout jamais il me manquera une sœur tout comme une amputation d'un membre de mon corps. Nous ne serons plus jamais quatre sœurs physiques mais trois sœurs physiques et une spirituelle.

Si nous devons tous passer par des moments intenses et atroces pour se trouver c'est que notre destinée est tracée de la sorte.

Ce n'est pas pour rien que la vie nous donne autant de claques. Certes la perte d'un amour,d'un enfant , d'un parent n'est pas du tout positive, mais ci cette perte était là pour essayer de trouver une raison à notre souffrance, d'ouvrir ensuite les yeux sur le plaisir de la vie cela deviendrait plus logique. Nous sommes placés sur un chemin où nous devons poser une pierre jusqu'à ce que nous trouvions la raison d'en tirer une leçon qui s'impose.

Pour certains cette perte cruelle n'est que néant à en oublier les autres autour de soi. Cela est peut-être nécessaire pour comprendre des choses sur soi-même ? Probablement pour nous permettre de fouiller très loin au fond de soi.

Cela peut faire peur mais s'il faut en passer par là c'est qu'il y a une raison.

Hélas, le deuil, nous devons l'assumer. Mais ci certains deuils devaient être vécus pour faire passer un message ou ouvrir une autre destinée ? A chacun de trouver une solution pour passer ce cap.
La douleur n'est que personnelle et à nous de la gérer comme nous le pouvons, mais dans certains cas, il faut savoir que nous ne sommes pas seuls.
Chaque épreuve sert à la prendre comme une leçon de la vie et tend à écouter ce qui se passe autour de nous.

La réponse nous l'avons tous, à chacun de méditer au plus profond de soi.

Le deuil

C'est une étape par laquelle nous devons tous passer un jour ou l'autre. Personne ne peut y passer outre. Que nous soyons préparés ou non , le deuil est une épreuve dans notre vie. La mort , pour certains , est vraiment la fin de quelque chose. Pour d'autres c'est la continuité de notre vie terrestre.

Lors de l'annonce du décès de l'être aimé, la douleur est insoutenable. Nous sommes comme dans une sorte de bulle. Nous ne savons plus ce que nous ressentons, malgré l'immense chagrin qui nous ronge. Nous nous sentons comme des robots . Nous bougeons machinalement. Lorsque nous prévenons nos proches et préparons les obsèques nous ne sommes pas vraiment conscients du chemin qui nous attend.

Pendant les premiers mois (entre six et quinze mois) nous ne pensons qu'à une chose , sortir de cette peine qui nous ronge. Mais ce n'est pas ci facile que ça. La première année est la plus difficile à vivre. Chaque date (anniversaire du défunt , fêtes, anniversaire du décès ….) nous attendons en vain une personne qui ne viendra plus .

Nous avons besoin de nous accrocher à tout ce qui a un lien avec notre défunt (photos, vêtements , parfum....). Nous ne vivons que pour cette personne. Elle est dans notre pensée à chaque instant. Comme un besoin vital. Avec le temps, nous finissons par comprendre désespérément que la personne ne reviendra plus jamais .

Le mal être est encore plus insoutenable qu'au début du deuil et ce sentiment est tout à fait normal.
Cette sensation peut aller jusqu'à trois ans après le décès, suivant la relation que l'on entretenait avec la personne mais également suivant les circonstances du décès. Une dépression est un état tout à fait normal.

Après quelques années, petit à petit, la reconstruction revient. Ne pas aller plus vite que ce que l'on peut supporter.
Malgré le sentiment de se sentir changé à tout jamais, nous retrouvons notre place auprès des autres et notre relation devient plus paisible entre nous.

Avec le défunt, nous concevons cette relation différemment. Nous sommes plus intimes et plus profonds en soi. Nous savons enfin qu'elle restera, à tout jamais, au fond de notre cœur.

Après cette épreuve, nous réalisons que nous sommes devenus différents, plus où moins réserver, plus concentrer sur les choses importantes. Nous recherchons l'authenticité et la vérité sur nous même.

Le deuil est un processus personnel. L'accompagnement, dans ces états, est indispensable pour nous soutenir et nous relever quand tout va mal.

Une épaule où nous reposer sur le long terme est primordiale. Certes on demande beaucoup à notre entourage, mais ils acceptent de répondre présent à notre attente. La présence et l'écoute ,des amis,la famille ou parents, sont réellement un besoin dans le processus du deuil. Ils doivent comprendre aussi notre besoin d'isolement et leur impuissance face à nos larmes, qui ont besoin de couler. Ne jamais se retenir de pleurer.

L'accompagnement au deuil personnel peut se manifester par un besoin de solitude, de lecture, de méditation, de musique ou se rapprocher de la nature. Tout cela aide à se reconstruire et se retrouver dans une certaine façon.

Le chemin est long avant la reconstruction. Chacun a sa façon de faire son deuil. On réagit tous différemment face à cette perte. Il faut prendre son temps. Quelque soient les réflexions de certaines personnes (Viens,on sort, ça va te faire du bien. C'est bon tournes la page depuis le temps....)

Le processus est bien au delà de nous et de notre volonté. On ne peut pas imaginer à quel point il est difficile de se relever de la perte d'un être cher qu'on ne l'a pas vécu. L' on se doit de supporter cette douleur avec sagesse, courage, humilité, en le laissant se dérouler à son rythme .

S'opposer à sa douleur et essayer de contrôler ses sentiments sont inutiles. C'est rajouter de la souffrance à la souffrance. Le deuil doit être pris avec douceur et patience. Il nous faut beaucoup de temps (voir des années) pour accepter la réalité du décès (moralement, mentalement, spirituellement, psychologiquement....).Même ci certains , d'entre nous , n'y arriveront jamais à surmonter cette souffrance.

C'est après ce processus que l'on va accepter de revivre à nouveau, accueillant malgré tout, ce que la vie nous a pris. Nous devons accepter ce qu'elle a encore à nous offrir. Prendre conscience que nous avons d'autres enfants à soutenir ou des proches qui ont besoin de nous pour, également, surmonter une peine, une maladie ou tout autre problème dans la vie. On réalise qu'à la finale nous vivons tous ce mal un jour où l'autre. Connaître les étapes du deuil est une façon rassurante de savoir que tout est normale. Dans la logique des choses et de la vie. Quelque soit la façon que nous exprimons notre souffrance et le souvenir du défunt (photos, message sur le répondeur....) . Ce n'est pas du tout morbide.

Quelque soient les préjugés de notre entourage tout ce processus est tout à fait normal et naturelle. A force de prendre des réflexions, tout ce ci provoque en nous colère ou frustration s'ajoute à notre chagrin.

Sachez que lors des partages des biens de l'être aimé, on peut ressentir une impression de dépouillement et de vol. Encore une fois, ce sentiment est tout à fait normal. On culpabilise de vivre et de posséder certains de ces objets. Mais tout cela lui appartenait et feront partie des souvenirs. Au fil du temps l' on ne voudra plus se séparer de la moindre de ses affaires, même le plus anodin.

Vous pouvez également ressentir une colère envers Dieu. Pourquoi vous a-t-il retiré l'être aimé ? Pourquoi aussi tôt? Pourquoi m'avoir fait subir cette terrible épreuve?
Vous pouvez perdre toute croyance. Essayer de trouver des réponses dans une autre religion. Mais pour certains d'entre vous votre foi va revenir en fonction de votre avancée dans le deuil.

Ne jamais perdre espoir de retrouver une petite lueur dans ce gouffre. Vous trouverez toujours une personne, un objet ou un moment particulier pour vous soutenir et vous aidez à surmonter cette peine.

Surtout essayer de ne pas vous renfermer dans votre chagrin au delà de trois ans. D'un coté spirituel, trop pleurer nos défunts les empêchent de monter dans la lumière. Ils sont amour et l'Amour que nous ressentons pour eux , les aides dans l'au delà. Ils sont encore plus Amour que de leur vivant. Pour certains , ils sauront se montrer (quelque soit leur signe) auprès de leurs proches.

Mais cela c'est un autre sujet...

Sachez que nos défunts vivent dans nos souvenirs et nos cœurs. Parler d'eux ce sont les faire revivre, dans une certaine façon. Leur mémoire est importante pour continuer à avancer à notre rythme.

Le temps apaise la douleur mais ne comble pas l'absence.

Les 7 étapes du deuil

1-Le choc = c'est la phase courte de l'annonce, d'une rupture , conduisant à un constat. Cette annonce laisse la personne sans émotion apparente. Le terme «sidération» peut tout à fait convenir pour qualifier la réaction de la personne face à l'information.
Exemple: «je te quitte, c'est fini, vous êtes virés.... »

2-Le déni = c'est le refus de croire. L'information est utilisée, des arguments, la contestation et le rejet. L'information fait place à une discussion intérieure et/ou extérieure. Il me faut cependant ne pas croire à la brièveté de cette phase, cela signifie qu'elle n'est pas importante. Certaines personnes s'enferment dans cet état de déni , de refuge (préserver la chambre du disparu intacte , continuer de mettre son assiette à table...)
exemple: «ce n'est pas vrai, ce n'est pas possible... »

3- La colère = c'est la confrontation avec les faits qui va engendrer cette attitude de révolte qui peut prendre une tournure «magico- religieux». On promet à une «entité invisible» de ne plus faire telle ou telle chose si la situation originelle pouvait revenir. Les intensités peuvent être variables, selon la maturité affective de la personne sa pensée s'alimente de fortes contradictions. Elle s'emportait pas ou s'enfermait dans le plus grand des mutismes.

4- La tristesse = c'est un état de désespérance.

Exemple: « ce n'est pas juste, pourquoi m'a t-elle fait ça à moi, qu'est ce que je vais devenir maintenant ? »

5- La résignation = c'est l'abandon de la lutte au cours de laquelle la personne peut avoir le sentiment d'avoir tout tenté pour revenir à la situation perdue. Elle n'a aucune visibilité de ce qu'elle peut faire, elle agît au gré des circonstances. Cette résignation peut aussi se composer de rejet.
Exemple : « c'est la vie, Dieu est en contrôle »

6-L acceptation = dans cette étape, la personne accepte la perte (de l'être cher) en l'acceptant. Elle est capable de garder les beaux moments mais aussi les moins bons. Elle commence à avoir plus confiance en elle, se sent mieux et à l'avenir ne semble pas aussi noir qu'avant.
Exemple: « j'y pense encore parfois, mais je m'en sors. »

7- La reconstruction = seule ne suffit pas. Il faut se reconstruire progressivement. La personne en deuil prend conscience qu'elle est en train de se réorganiser pour répondre aux obligations liées à toute vie en société. Se reconstruire amène à mieux se connaître, à mieux découvrir ses ressources personnelles et à prendre conscience de son existence. Cette démarche développe la confiance en soi-même . Le sentiment de vulnérabilité fait place à une nouvelle énergie et , pour le croyant, une plus grande confiance en Dieu.

Le but de la vie spirituelle est de rester dans cette impression d'être aimé. Cela est donné par quelqu'un à la fois extérieur à nous et plus intime que nous-même. La prière est laisser-aller...

Stéphane Allix « La mort n'est pas une terre étrangère. »

Les prières

Voici quelques prières de protection

Notre père

Notre père qui êtes aux cieux
Que ton nom soit sanctifié
Que ton règne vienne
Que ta volonté soit faite
sur la terre comme au ciel
Donnes- nous aujourd'hui notre pain de ce jour
Pardonnes-nous nos offenses
Comme nous pardonnons aussi à ceux qui nous ont offensés
et ne nous laisse pas succomber à la tentation
mais délivres nous du mal
Ainsi soit-il.
AMEN

Ave Maria

Je te salue Marie
pleine de grâce
le Seigneur est avec toi
Tu es béni entre toutes les femmes
Et Jésus le fruit de tes entrailles
est bénie
Sainte Marie
Mère de Dieu
Priez pour nous
pauvres pêcheurs
Maintenant et à l'heure de notre mort
AMEN

Prière à Saint Michel comme protecteur spécial

O grand Prince du ciel, gardien très fidèle de l'Église saint Michel Archange, moi ….quoique très indigne de paraître devant vous , confiant néanmoins dans votre spéciale bonté touché de l'excellence de vos admirables prières et de la multitude de vos bienfaits je me présente à vous accompagné de mon Ange gardien et en présence de tous les Anges du ciel que je prends à témoin de ma dévotion envers vous.

Je vous choisis aujourd'hui pour mon protecteur et mon avocat particulier, et je me propose fermement de vous honorer toujours et de vous faire honorer de tout mon pouvoir.

Assistez-moi pendant toute ma vie, afin que jamais je n'offense Dieu gravement ni en œuvres ni en paroles, ni en pensées.

Défendez-moi contre toutes les tentations du démon spécialement pour la foi et la pureté, et à l'heure de ma mort, donnez la paix à mon âme et introduisez-la dans l'éternelle patrie.

Prière de purification

Cher Archange Mickaël, tourne ton regard vers notre demeure.
Assistes-moi pour la purifier de tout ce qui pourrait nous nuire.
Que ta bonté s'étende sur toutes les âmes qui se recommandent
à mes prières.

Que tes anges de lumière-Amour pénètrent dans notre maison
et la purifient.
Qu'ils y apportent la paix sur tous les plans.

Que tous ceux qui habitent en ces lieux, connaissent la sérénité
et la tranquillité.
Guide tout puissant, dépose une bulle de protection divine sur
notre maison
pour que l'Amour rayonne encore plus dans nos vies et sur la
terre.

Au nom de l'amour infini, je mets notre maison sous Ta
protection.
Au nom de ma Divine Présence je te remercie humblement.

Amen

Prières de protection pour l'écriture automatique

Je suis divinement guidé, divinement protégée, divinement éclairée.

Ou

J'appelle les énergies divines, les vibrations d'amour et de lumière afin de m'apporter la protection dont j'ai besoin pour recevoir des messages en toute sécurité.

Vous pouvez également prier vos anges gardiens et vos guides avec tout votre amour. Leurs parlers comme si vous parliez à quelqu'un de vivant ou dans votre tête. Ils entendent tout et par tous les moyens.
Leur demander leurs protections lors de vos séances d'écriture automatique.

Prières pour entrer en contact avec un défunt bien précis

-Je prie Dieu tout puissant de permettre à l'Esprit de ….. de se communiquer à moi.

- Au nom de Dieu ,je prie l'Esprit de …. de se mettre en communication avec moi.

– - Faites mon Dieu que l'Esprit de …... daigne se manifester et accepter de communiquer avec moi.

-Je prie aussi mon ange gardien et/ou esprit protecteur, et/ou Esprit guide, de bien vouloir m'assister et d'écarter les mauvais esprits.

Surtout lorsque votre séance est terminée, n'oubliez pas de remercier, l'esprit de la personne contactée de s'être manifestée à vous, et vos anges gardiens et vos guides pour leur protection.

Remerciements

Je remercie Sébastien, mon mari. Il est le premier à avoir vécu mon changement. Le premier spectateur des phénomènes paranormaux. Mon premier soutien. Le premier à avoir cru en moi.
Je remercie ma famille du paranormal sans qui je n'aurais pas pu avancer et trouver ma vraie destinée :
Raphael, Stéphanie Lecourt, Stéphanie Boucher, Franck de l'Esprit Mystique, Karine, Martine, Claire...
Merci à Bruno pour avoir été mon psychologue pendant toute cette période et m'avoir remis les pieds sur terre quand j'en avais besoin.
Merci à Julie Brignonen pour la couverture du livre et tout ce qui touche à l'illustration de mon aventure.
Merci à mes guides, Mémère aux pièces, Émile et ceux dont je ne connais pas leurs noms.
Mes anges gardiens,
et surtout
Virginie,
ma sœur, mon ange, celle sans qui je ne serais pas devenue ce que je suis.
Où qu'elle soit je sais qu'elle veille sur moi. Qu'elle regarde mon avancée de là-haut.
À tout jamais dans mon cœur ma ninie, je continue à t'aimer bien au-delà de la mort.

Virginie, ma sœur, mon ange....

Table

Préface 7

1. L'envol 9
2. Les premiers signes 17
3. Les questions 25
4. Pourquoi tant de décès ?.......................... 33
5. Les rêves 39
6. L'écriture automatique (L'EA) 45
7. De belles rencontres 53
8. Les maléfices 67
9. On s'improvise pas médium 79
10. Paranormal womens angel's...................87
11. Sensitive 97
12. le commencement 105
13. L'avenir 119

Conclusion 117

Le deuil.. 121
Les 7 étapes du deuil 129
Les prières.. 135

Remerciements 143

Amélie Faber est née à Troyes, dans l'Aube en Janvier 1982.
Sa vie professionnelle est rude après sept ans de contrats à durée déterminée en tant que caissière.
Elle obtient son titre professionnel en tant que conductrice de transports en commun en Avril 2007.
Elle a toujours été attirée par les sciences occultes depuis son adolescence.
Entre sa vie de mère et son métier de conductrice de bus, elle décide à l'âge de 33 ans de se lancer dans la rédaction de son premier livre sur son évolution spirituelle.